Keiko的 Lunalogy《ルナロジー》

自分の「引き寄せ力」を知りたいあなたへ

ソウルメイト研究家

Keiko

はじめに

あなたは今、幸せかしら？

欲しい人生を手に入れてるかしら？

「こうしたい」と思ったらそれに相応《ふさわ》しいチャンスが来て、協力者が現れ、サクッと現実になるかしら？

「いいえ、ぜんぜん。思い通りになることなんてないし、幸せでもないわ」

もしそんな言葉が出そうになったら、それは「おかしい」と思うべき。人生は本来、あなたの意識と想いの上に出来上がっていくものなのね。

それは、道路に沿ってクルマが走るのと同じこと。

ごく当たり前のことなの。

にもかかわらず、人生が思い通りにいかない、それどころか、望んだことと相反するようなことが起こるとすれば、それはきっと、あなたの「引き」が弱いから。

引きが弱いためにタイミングが巡ってこない——

あなたの思いを現実にしてくれる人やチャンス、出来事がやってこないのかもしれないわ。

そんなとき、ぜひ知ってほしいのが「月星座」。今のあなたにもし、「満たされてない」「何かが違う」「こんなはずじゃない」という思いがあるなら、ぜひ月星座を使ってみて。あなたの想いと人生を一致させる、いちばんカンタンな方法だから。

月星座は、あなたの「引力」そのもの。月星座を知ることで、あなたがどういう引力を持っているかがわかるのね。

それだけじゃない。どんなふうに行動すれば運やチャンスが向こうからやってきて、日々どんな意識で過ごせばその引力を強化できるか――

そんな超ありがたい情報までも、あなたの月星座が教えてくれるのよ。

月星座の引力は「引き寄せ」などという言葉が陳腐に聞こえるくらい、強力なもの。それは、月という天体が人間の生存本能と結びついているからなのね。

知っておいてほしいのは、月星座の引力が「生まれつきのもの」だってこと。後天的に身につけるものではなく、あなたにはじめから備わっているものなの。

だから当然、努力は要らない。

ただそれを知って、意識するだけでいいの。

知ることは、変化すること。自分が持っている「引力」を知ったとたん、起きる現実は変わってくる。

知り合う人も、見えてくる世界も、何もかも。

それこそが、月星座の「引力」なのよ。

CONTENTS

第3章

「引力」をさらに高めて強運になる

第1章

月を使って欲しい運を引き寄せる

あなたが持っている「引力」で引き寄せ力を手に入れよう

運を作るのは「月」

月に「引力」があることは、みなさんご存じよね？

干潮や満潮という波の動きが起きるのは、月と地球のあいだに引力が働いているから。じつは、それとまったく同じことが、あなたと運のあいだにも起こってるの。

あなたの引力が強ければ「運のいい人」になるし、引力が弱ければ「運の悪い人」になる。

つまり、運がいいかどうかは、あなたの「引力の強さ」で決まるのね。正確にいうなら、生まれつき持っている引力に気づき、それを使っているかどうか。

運というのは、人生における波のこと。

月が海の波を左右するように、運もまた、「あなたの月」にコントロールされているの。

運がいいことを「ツキがある」っていうでしょ？

このツキって、じつは月のこと。ツキと月が同じ発音なのは、けっして偶然じゃない。

月と運は、それだけ密接につながっているのよ。月を使うことで運がよくなるという、何よりの証しね。

農業でも月を使う

ヨーロッパでは、月の運行をもとに農作物を育てているのをご存じかしら？　たとえば「月が〇〇座にある日に種を蒔き、月が○○座にある日に刈り取る」というように。
農作物を育てるのに「月の満ち欠け」と「月星座」を使っているのね。
農薬が主流になってからは、徐々にすたれてきてしまってはいるものの、それでも月のリズムを使った農法は依然として息づいているし、最近では逆に、それが息を吹き返しつつあるようにすら見受けられるわ。

農作物を育てるのに、なぜ月の動きを使うのか？
それは、月のリズムを使うと作物が豊かに実るから。大きな収穫を得られるからなのね。
であれば、人生も同じことだと思わない？
月の力で農作物が豊かに実るなら、人生だって大きく豊かにできるはず。
月を使って運気を上げたり、チャンスを増やしたり、大きな成果や収穫を得ることができるはずなのね。
そもそも、月からすれば植物も人間もさほど差はないわけで。
要は、「月の使い方」を知っているかどうか。
農作物を育てる月は、私達の運を育む力も持っているのよ。

「月星座」ってなに？

ここ何年かで、「引き寄せ」という言葉が一般化してきたわよね。
引き寄せというのは、あなたが望むものが、向こうからやってくること。

そうするために、願い事を書いたりイメージングしたりという方法があるわけだけど、じつは、それよりももっと確実かつ強力な方法があるの。

それは、あなたの「月星座」を使うこと。

「月星座ってなに？」とフシギに思ったかしら？

今って、ほとんどの人が自分の星座を知っているわよね。ほんと、知らない人を探すのが難しいくらい。でも、自分の「月星座」まで知ってる人は、かなり少ないと思うの。

ここでちょっと、占星術のお話を。

私達がふつうに「私は牡羊座」「カレは天秤座」と言ってるのは、その人が生まれたときの「太陽の位置」なのね。

もしあなたが双子座だったら、それは、あなたが生まれたとき「太陽が双子座にあった」ということ。

でも、占星術で使う天体は10個あって、太陽はその中のたったひとつにすぎない。

占星術では太陽の他に、「月・水星・金星・火星・木星・土星・天王星・海王星・冥王星」という9個の天体を考慮し、そして、そのそれぞれにサイン（星座）があるの。

たとえば、太陽と水星は蟹座、月は乙女座、金星は双子座、火星は射手座……というように。

なかでも重要なのが、月の星座。

つまり、あなたが生まれたとき「月が何座にあったか」ということね。

西洋占星術では通常、太陽星座のほうを重視してて、世界中みても、それが一般的になってる。

だからこそ、みんなが自分の星座（＝太陽星座）を知ってるわけ。

でも、もしあなたが「強運になりたい！」「欲しいものをガンガン引き寄せたい！」と思うなら、太陽星座ではなく「月星座」を使うべきよ。

月星座を「起点」にする

月星座って、喩えるなら「現在地」みたいなものなの。

知らない街に行って地図を広げたとき、まず現在地を確認するでしょ？

現在地という「起点」がわかってはじめて、行きたいところに行けるわけよね。

月と運の関係も、まったく同じ。

まずは、自分の月星座を知って、自分の「引力」を理解する。

自分の起点を確認するの。それがあってはじめて、目指す方向への道が明確になるのね。

と同時に、月星座を意識した時点であなたの引力が作動し始めるから、身の周りに起こる出来事が少しずつ変化し始める。

そのうち、月星座の引力が運やチャンスを次々と引き寄せるようになり、あなたはいつの間にか行きたいと思っていた場所にいて、気づいてみたら欲しいものを手にしてしまってるというわけ。

S代ちゃんのケース

10年ぶりにシングルに戻った、友人のS代ちゃん。

離婚後、何度か彼女に会う機会があったんだけど、いつもジミ〜な服を着てるのが気になった。

色は黒か紺。どこにでもありそうなセーターとスカートで、アクセサリーもなし。「今度こそソウルメイトに出会いたい！」と言ってるけど、このままではたぶんムリだろうなあ……地味すぎるS代ちゃんを見てて、そう思ったの。

というのも、彼女の月星座は天秤座。

手をかけた感のあるエレガントな女性でいてこそ彼女の引力が発動するのに、いまのS代ちゃんてば、その雰囲気が微塵もない。

これじゃあ、ソウルメイトどころか、運そのものが落ちちゃうわ……。

そう思った私、お節介とは思いながらも、

「S代ちゃん、ちょっと外見変えない？　服はもっと明るい色の、フェミニンなものにしようよ。髪も巻いてみたら？」

そんなふうに提案したのね。もちろん、月星座天秤座ならではの引力も、細かく説明しつつ。

S代ちゃんは、「え〜？私ってそんな引力があるの？　知らなかった〜！」と驚いてはいたものの、何かピンとくるものがあったらしい。

その足で新しい服と靴を買いに行き、次の日はヘアサロンへ。

そんなふうにして月星座天秤座に相応しい雰囲気を意識し始めたところ、彼女本来の社交性が顔を出すようになったの。見た目を天秤座風にすることで、もともとの性格が表に出てきたのね。

数か月後、未経験ながらも、人当たりのよさを買われてブライダルコーディネーターの仕事をゲット（この仕事もまさに天秤座！）。

「結婚してたときは、月星座とまるで反対のことやってたわ。無意識のうちに自分を押し殺してたのね、きっと」

こんなふうに、まったく新しい人生を歩み始めたS代ちゃん。自分の月星座を知ることで、今まで眠っていた「引力」がみるみる引き出された典型的なケースね。

その後のS代ちゃん？

ソウルメイトと出会って、いま婚約中ですって。

月星座には「引力」がある

西洋占星術で使う天体が10個あることはお話ししたけれど、この10個、どれも同じくらい重要というわけではなくて、若干重要度が違うのね。

正確に言えば、役割が違う。

たとえば、人とコミュニケーションをとってるとき、私達は水星を使ってるし、恋愛・結婚といったシーンでは金星の力を借りてる。

ここぞという馬力が欲しいときは火星を使わなきゃいけな

いし、仕事を成功させたいなら木星の力が必要……というふうに。

なかでも、「月」と「太陽」——この２つは、まさに別格。

というのも、月と太陽はあなたの「本質」を作るものだから。他の惑星のように特定のシーンで登場するものではなく、月と太陽はあなたそのもの。

月＝根、太陽＝幹と考えるなら、この２つはあなたの「根幹」ということになるわね。

この２つ、どちらももちろん大事だけど、より重要なのは「月」のほう。

だって、根っこが栄養を吸収してくれないと、幹が育たないでしょ？

地中で水分や養分を吸収するのは、あくまでも根の部分。幹が吸収するわけじゃないのよ。

つまり、運を引き寄せるのは「月」にしかできないってこと。太陽には残念ながら、月のような引力はないのね。

なぜか？

それは、太陽が「意図して、つかみ取る」という性質を持っているから。欲しいものは引き寄せるのではなく、自らつかまえに行く——これが、太陽の性質。

そこに「運に委ねる」「引き寄せる」という要素は一切ないのね。

太陽においては、「意志と行動」がすべて。

引き寄せるという性質がないから、引力もないというわけ。

月星座と太陽星座の違い

月と太陽の違いはまず、「引力」があるかどうか。
それ以外にも、いろんな違いがあるの。
たとえば…

月	太陽
女性性	男性性
潜在意識	顕在意識
感情	思考
センス	理論
プライベート	仕事
過去世	今世

こうしてみると、月と太陽が裏表の関係だってことがわかるでしょ？

そして、もうひとつ。

太陽がその人の生きる目的や人生のテーマを表すのに対し、月が意味するのはその人が持っている性質、適性、感性、センス。

別の言い方をすれば、太陽が「一生かけて創り上げていくもの」であるのに対し、月は「生まれつき備わっているもの」。

つまり、努力のいらない部分なのね。

たとえば、日本人であることとか女性であることって、努力して手に入れるものじゃないでしょ？

そういうふうに、生まれついてる。
好き嫌いなんかもそうよね。
ハトが嫌いな人に「どうしてイヤなの？」と聞いたところで、答えようがない。
まあ、ムリして理由を挙げることはできるだろうけど、つまるところ、生理的なものよね。
こうした「理屈じゃないもの」「生まれたときから備わっているもの」を教えてくれるのが、月星座なのね。

自覚してない部分こそ「引力」

月星座からわかるのは「生まれつきの性質」。
とはいえ、生まれつきのものって、あまりにも当たり前のことだけに、本人は気づいてないことも多いの。

たとえば、月星座が乙女座の人。
この人達は、几帳面で時間に正確、すべてにおいてきちんとしてるのね。
ところが、月星座乙女座の人に「あなたって几帳面よね」といったとしても、
「え？　そう？　そんなふうに思ったことないけど」みたいな答が返ってきたりする。几帳面だってこと、本人は気づいてないのね。
いつも約束の５分前には着いてるのも、本人にとっては当たり前。とくに「時間に正確」なんていう意識はないわけ。
でも、こういう自覚してない部分こそ、その人の「引力」だっ

たりするのよ。きっちりしてるのも時間に正確なのも、信頼されるための条件でしょ？

「彼女は信頼できる人だから」という理由で仕事を任されることもあるだろうし、ステキな男性を紹介されることもあるだろうしね。

あなたの中にも、自覚してない「引力」が、きっとあるはずよ。

月星座を知れば人生が変わる

月星座を知ることは、自分の「引力」を知ること。

引力って、それを意識した時点でものすごい変革力を発揮するのね。

たとえば、「この厚ぼったい目がほんとイヤなの……」と、昔から言っていたW子ちゃん。

彼女はその一重瞼が、ずっとコンプレックスだったらしいの。

ところがある日、たまたま知り合った外国人の男性に、「キミのアーモンド形の目、すごく魅力的だね」と言われた瞬間、引力にスイッチが入った。

コンプレックスの一重瞼が、じつはチャームポイントだったことを知ったW子ちゃん、まずアイメイクを変えたのね。

切れ長のアーモンドアイを強調するような、スモーキーメイクに。その頃からみるみるキレイになっていって、その後、髪をボブ（おかっぱ）にしたところW子ちゃんの魅力が全開！

男性と知り合う機会も自然と増えて、「彼氏いない歴7年」をスンナリ卒業してしまったのですよ。

調べてみると、W子ちゃんの月星座は蠍座。

オリエンタル調のミステリアスな雰囲気が、最高に似合うタイプなのね。

W子ちゃんの場合、ある外国人の一言でたまたま自分の「引力」を知ったわけだけど、こういうことって、みんなに起こるわけじゃない。

そんな偶然を待ってないで、今スグ知りたいわよね？

それにはやっぱり、「月星座」。

月星座を知れば、自分の引力が客観的に、しかも多面的にわかるのよ。

強運な人はどこが違う？

世の中には、強運な人っているわよね。

言ったことがすぐ現実になっちゃう人、次々とチャンスがやってくる人、やることなすことみな成功する人……。

でも、その割にはさほど頑張ってる様子もなかったりして。いったいこういう人達って、どこが違うんだと思う？

「才能の差でしょ？」と思ったとしたら――

うーん、じつはそうでもないんだな～。

才能の差なんて、そんなにもないのよ。

そもそも、なにか物凄い才能を持ってる人なんて、ほんの一握り。しかも、そういう人達がみな運がいいかっていったら、そういうわけでもないじゃない？

強運な人は、持って生まれたものを「活かしきっている」というだけのこと。

そう。強運とは才能の差ではなく、それを「活かしきっているかどうか」なのね。

そのためにはまず、自分自身を知らなければ。

自分がどういう適性を持っていて、なにを心地よいと感じ、何をどう引き寄せる力があるのか――それを知ることが大事。

そして、それをもっとも的確に教えてくれるのが「月星座」なのよ。

引き寄せ方は月星座によって違う

なかでも大事なのが「何をどう引き寄せる力があるか」。

つまり、あなた特有の「引力」ね。

最近、「引き寄せ」に関する本や情報がたくさんあるので、それを実践している人も多いと思うの。

でも、思い通りの結果が得られない人も多いんじゃないかしら。

なぜだかわかる？

それは、人によって引力が違うから。

たとえば、月星座牡羊座の人は瞬発力とスピードで引き寄せるし、月星座牡牛座の人は誠意とセンスのよさで引き寄せる。

月星座双子座の人は機転とコミュニケーション力、月星座獅子座の人はスター性とリーダーシップ……という具合。

つまり、月星座によって、チャンスや運を引き寄せる方法が違うのね。

ちなみに、引き寄せの方法として、紙に書くとかイメージングなんかがあるけれど、それだけですべてが叶うわけじゃない。

それプラスαが必要なのよ。

行動はもちろん、情報、人からの協力。そして、タイミング。書いたりイメージングしたあとのほうが、むしろ重要なのね。

そして、こうしたことはすべて、あなたの「引力」が引き寄せるもの。

だからこそ、月星座。引力の正体は「月星座」なのよ。

引力は「自分らしさ」

月星座の引力は、「自分らしさ」から生まれるもの。

逆にいえば、自分らしくなかったら引力は生まれないってこと。

先に、「強運な人は持って生まれたものを使いきってる」という話をしたけれど、これは「自分らしさを最優先している」ということでもあるの。

これからは、この「自分らしさ」が強運の条件になってくるのね。

ところが、「自分らしさ」というと、「自分らしいってどういうことかわかりません」という答えが返ってきたりする。

そう、自分のことがわからない人が多いのね。
これってすごくモッタイナイ！
自分らしさがわからないというのは、自分の引力を知らないということ。
それって、地図を持たないで旅行に行くのと同じなのね。
いま自分がどこにいて、どうしたら目的地に行けるのかわからない。
これじゃあ、強運どころか運を上げようがないわ。
まずは、自分を知らなければ！

いちばん的確に教えてくれるのは、やはり月星座。月星座を知って、自分の引力を自覚することからスタートよ。
月星座を使いはじめると、望むことが徐々に現実になってきて、そのうち、現実になるスピードがどんどん速くなってくるの。これは、自分の中にある「月」が目覚めたから。
月が目覚めることであなたの引力が作動し始めたからなのね。
では、月星座を活かすとは、具体的にどういうことなのか？
私の友人のケースでご紹介するわね。

E子ちゃんのケース

まずは、私の友人E子ちゃん。
じつは、この本を書くきっかけを作ってくれたのが、これからご紹介するE子ちゃんなのね。
今年のお正月、E子ちゃんから頂いた年賀状には「昨年はおかげさまで、『宿泊客が選ぶ温泉宿TOP10』に選ばれました」との走り書きが。

お祝いを言いたくてE子ちゃんに電話したところ話がはずみ、

「Keikoちゃん、月星座のことももっとみんなに教えてあげたほうがいいんじゃない？　私の例を出していいからさあ」と。

月星座の大成功例であるE子ちゃん本人にそう言われちゃったら、断るわけにはいかない（笑）。

というわけで、この本を書く決心をしたのね。

E子ちゃんが会社を辞めたのは、たしか5年ほど前だったと思う。

当時、商社勤めをしていた彼女があるときポツリと、「最近つくづく、今の仕事、合ってないなあって思うのよ。ずっと机に向かってるだけだし、そもそも、この仕事って私じゃなくてもいいわけだし」。

「なんかこう、私だからこそ！っていう仕事ができたら幸せだろうなーって思うのよね……」

そう言いながらタメイキをつくE子ちゃんを見て、私はふと、思い出した。

彼女の実家が某温泉にある旅館だってこと。

「ねえ、E子ちゃんとこの旅館って、誰が継ぐの？　お姉さま？」と訊くと、「うん、その予定。でも、姉の彼がウンて言わないらしいの。旅館の若旦那なんてオレにはムリ！って」。

そのとき咄嗟に思ったの。

E子ちゃんが旅館を継いだら成功するだろうなって。
というのも、E子ちゃんは月星座が蟹座。蟹座は「故郷・実家・ファミリービジネス」を意味し、食や旅館に縁がある。
なかでも、人のお世話や接客は得意中の得意。
蟹座の月を持つE子ちゃんは、私に言わせれば、まさに旅館を継ぐために生まれてきたようなものなのね。
ちなみに、お姉さまの月を見てみると、なんと牡羊座。
ゼロから新しいものを創り上げることが牡羊座のテーマだから、代々続く旅館を継ぐのは、正直、向いてない。
お姉さまが旅館の女将になったら、さぞストレスが溜まるだろうなあ…と、他人事ながら心配になった。
そのことをE子ちゃんに告げると、「そっかあ、やっぱりそうなんだ。うすうす感じてたことズバリ言われて、びっくりしたわ。うん、すごくナットク！」と言って、数か月後、長年勤めた会社を退社。実家に戻ったのね、若女将修業のために。
E子ちゃんとはその後も何度か話す機会があったんだけど、元来世話好きのE子ちゃん、まさに女将業にぴったりだったらしく、「こっちに来てから、仕事がつまらないなんて一度も感じたことないわ」という充実ぶり。
「婿に入ってもらわなきゃいけないから、難しいのよ……」と心配していた結婚相手も拍子抜けするほどスンナリ決まって、E子ちゃんはもちろん、ご両親もお姉さんも、三方よしという結果に。

長年E子ちゃんを見続けてきた私としては、やっぱり月星座ってすごいなあと。
東京でOLをしていた頃のE子ちゃんは、正直、あまり幸せそうじゃなかった。
ところが、月星座である蟹座を活かす方向にシフトしたとたん、人生がガラリと変わった。
ライフワークと愛するご主人の両方を、難なく手に入れてしまったわけね。

引力がONになる環境を選ぶ

月星座というのは、自分にとっていちばん自然な状態、無理のない状態を教えてくれるの。
無理がないから、ストレスもかからない。
その人のよさがどんどん引き出されてくるの。
仕事がつまらない、楽しくない、うまくいかない原因の9割は、「自分らしくないことをしている」から。
魚は陸に上げると死んじゃうけど、海の中ではイキイキするでしょ？　逆に、百獣の王と呼ばれるライオンですら、海に投げ込まれちゃったら何の力も出せない。
私達だって同じこと。あなたらしさを発揮できる場と、そうでない場があるの。
そこをちゃんと知ってないと、開運なんてそもそもムリだし、望むものも手に入らない。引力が発動しないから。
月星座を知って、あなたの「引力」がONになる環境を選ばないとね。

U美ちゃんのケース

E子ちゃんは、月星座を仕事に活かして成功したケース。

次は、月星座をプライベートに使ってるU美ちゃんの例をご紹介するわね。

子育て真っ最中のU美ちゃんに、道でばったり会ったのは2年前のこと。

そのときのU美ちゃん、1歳半になる子供の世話に明け暮れ、精神的にもかなり参っている様子だった。

「あ〜もう、ほんとしんどい。子育てがこんなに大変だなんて思わなかったわ」と言うU美ちゃんは、以前とは別人のように頬がこけ、見るからに辛そう……。

そうはいっても、私にできることなんて何もないし……と口惜しく思ったとき、「そうだ、こんな時こそ月星座じゃない！」とひらめいた。

月星座は、樹木でいえば「根っこ」の部分。

根に栄養分が行き渡らなくなると木が枯れてしまうように、私達も、月星座が満たされてないと生命力が枯渇してしまうの。逆に、そういうときは意識して月星座を使うことで、活力と自分らしさを取り戻すことができるの。1日1時間でもいいから、とにかく「月星座」を使うようにすると元気になれるのね。

さっそくU美ちゃんの月星座を調べてみると、山羊座であることが判明。

山羊座は、日本古来の文化や「道」とつくものに縁がある星座。
そこで、「なんとか時間作って、お稽古事でもやってみたら？　お茶とかお花とか……書道なんてどう？」と言うと、
「書道はね、じつは子育て終わったらやってみたいと思ってたの」との答え。
「いえU美ちゃん、子育て終わってからなんていうんじゃなくて、今やって！　いま！」
　そう強く勧めたところ、週１回赤ちゃんを実家にあずけて、さっそく書道教室に通いだしたの。
　３か月ほどして、U美ちゃんに「その後どう？」と電話してみると、
「うん、おかげでだいぶ落ち着いてきたわ。書道はすごくイイ！　今までいろんなお稽古事をやったけど、書道がいちばん自分に合ってる感じがするの」
　このままいくと育児ノイローゼになるかも……と心配気に語っていたU美ちゃん、週に１回月星座を使うことで、無事危機を脱することができたのね。

自分の月星座がしっくりこない人は

　月星座がどんなふうに効くか、わかっていただけたかしら？
　それでは次の章でいよいよ、月の引力を12星座ごとに解説していくわね。
「そうそう、そうなのよね〜」と頷きながら読んで下さる方が多いと思うけど、なかには、「どうもしっくりこない」と

感じる人もいるかもしれない。

これ、あり得ないことではないのよ。

じつは、月星座の性質って、７歳までにほぼ完成するのね。７歳といえば、まだ自我が形成されてない段階。なので、月星座の性質が十分発達するかどうかは、ご両親の教育や育った環境に著しく影響されてしまうの。

どういうことかっていうと、(両) 親がものすごく厳しかったり、なんらかの理由でのびのび振る舞うことが許されなかった場合、月星座の性質が発達しきれない可能性があるのね。

ちなみに、私が知っている中で「自分の月星座がピンと来ない」という人は、「母親がものすごく厳しかった」「幼稚園の頃から弟の世話をしていた」「親が心配性で外で遊ばせてもらえなかった」……というようなことを言ってたっけ。

なるほどなあと思ったわ。とはいえ。

しっくりこないからといって、そういう人に月星座が意味ないかっていったら、とんでもない！　まったく逆よ。

そういう人の場合、しっくりくる人以上に、月星座が効いてくるはず。

だって、今まで自分の引力をまるで使ってこなかったってことだもん。これ以上の伸び代はないじゃない？

つまり、自分の月星座にしっくりこない、ピンとこない人ほど、潜在力が大きいってこと！

これからの人生、劇的に変わる可能性があるわ。

第2章

月の12星座でわかるあなたの引力

月星座を味方にして
引き寄せる！

月星座の調べ方

自分の月星座を調べる方法は、２通りあります。

① 30ページからの「月星座早見表」で調べる。
（表の見方は下の解説をご参照ください）

② Keikoの無料ホロスコープ作成サイトで調べる。

＊1966年以前もしくは1995年以降に生まれた方、月星座早見表でチェックするのが面倒な方は、②でどうぞ。

＊①と②で違う星座になった場合は、②の結果を優先させてください。

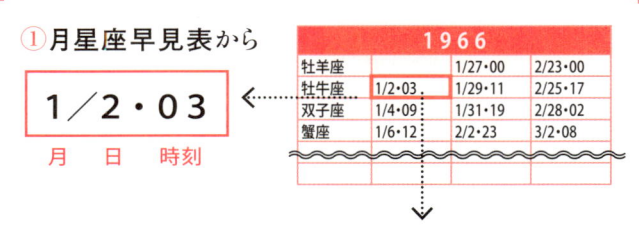

①月星座早見表から

1／2・03

月　日　時刻

1966			
牡羊座		1/27・00	2/23・00
牡牛座	1/2・03	1/29・11	2/25・17
双子座	1/4・09	1/31・19	2/28・02
蟹座	1/6・12	2/2・23	3/2・08

1月2日・3時～1月4日・9時の間に生まれた人は牡牛座になります。
※時間が不明の人は誕生日の12時（正午）生まれとして星座を決定してください。

②サイトから

http://www.moonwithyou.com

月星座早見表

1966													
牡羊座		1/27•00	2/23•06	3/22•12	4/18•18	5/16•02	6/12•10	7/9•18	8/6•01	9/2•07	9/29•14	10/26•20	11/23•04	12/20•12
牡牛座	1/2•03	1/29•11	2/25•17	3/24•23	4/21•05	5/18•13	6/14•22	7/12•06	8/8•14	9/4•20	10/2•02	10/29•08	11/25•16	12/23•00
双子座	1/4•09	1/31•19	2/28•02	3/27•08	4/23•13	5/20•21	6/17•05	7/14•15	8/11•00	9/7•07	10/4•13	10/31•18	11/28•02	12/25•10
蟹座	1/6•12	2/2•23	3/2•08	3/29•14	4/25•20	5/23•02	6/19•10	7/16•20	8/13•06	9/9•14	10/6•21	11/3•03	11/30•09	12/27•17
獅子座	1/8•12	2/4•23	3/4•10	3/31•18	4/28•00	5/25•06	6/21•12	7/18•21	8/15•08	9/11•18	10/9•02	11/5•09	12/2•14	12/29•21
乙女座	1/10•12	2/6•22	3/6•10	4/2•20	4/30•03	5/27•08	6/23•14	7/20•22	8/17•08	9/13•18	10/11•04	11/7•12	12/4•18	
天秤座	1/12•13	2/8•22	3/8•09	4/4•20	5/2•05	5/29•11	6/25•16	7/22•23	8/19•07	9/15•18	10/13•05	11/9•14	12/6•21	
蠍座	1/14•17	2/11•00	3/10•10	4/6•21	5/4•06	5/31•14	6/27•20	7/25•02	8/21•08	9/17•18	10/15•04	11/11•15	12/8•23	
射手座	1/17•01	2/13•07	3/12•14	4/9•00	5/6•10	6/2•19	6/30•02	7/27•07	8/23•13	9/19•20	10/17•06	11/13•17	12/11•02	
山羊座	1/19•11	2/15•16	3/14•23	4/11•07	5/8•16	6/5•01	7/2•09	7/29•15	8/25•21	9/22•03	10/19•11	11/15•21	12/13•07	
水瓶座	1/21•22	2/18•04	3/17•11	4/13•18	5/11•02	6/7•10	7/4•18	8/1•01	8/28•07	9/24•13	10/21•20	11/18•04	12/15•13	
魚座	1/24•11	2/20•17	3/19•23	4/16•06	5/13•14	6/9•22	7/7•06	8/3•13	8/30•19	9/27•01	10/24•07	11/20•15	12/17•23	

1967													
牡羊座		1/16•20	2/13•03	3/12•10	4/8•16	5/5•22	6/2•05	6/29•13	7/26•21	8/23•05	9/19•12	10/16•18	11/13•00	12/10•07
牡牛座		1/19•09	2/15•16	3/14•23	4/11•05	5/8•11	6/4•18	7/2•02	7/29•10	8/25•17	9/22•00	10/19•07	11/15•13	12/12•20
双子座		1/21•20	2/18•04	3/17•11	4/13•17	5/10•23	6/7•06	7/4•14	7/31•22	8/28•06	9/24•13	10/21•20	11/18•02	12/15•08
蟹座		1/24•03	2/20•13	3/19•21	4/16•04	5/13•09	6/9•15	7/6•23	8/2•08	8/30•17	9/27•01	10/24•07	11/20•13	12/17•19
獅子座		1/26•06	2/22•17	3/22•03	4/18•11	5/15•17	6/11•22	7/9•05	8/5•13	9/1•23	9/29•09	10/26•17	11/22•23	12/20•04
乙女座	1/1•00	1/28•08	2/24•18	3/24•05	4/20•15	5/17•22	6/14•13	7/11•09	8/7•17	9/4•02	10/1•13	10/28•22	11/25•06	12/22•11
天秤座	1/3•02	1/30•09	2/26•18	3/26•05	4/22•16	5/20•01	6/16•07	7/13•12	8/9•19	9/6•03	10/3•14	10/31•01	11/27•10	12/24•16
蠍座	1/5•05	2/1•11	2/28•18	3/28•04	4/24•15	5/22•02	6/18•09	7/15•15	8/11•21	9/8•04	10/5•13	11/2•00	11/29•11	12/26•20
射手座	1/7•09	2/3•15	3/2•21	3/30•05	4/26•15	5/24•02	6/20•11	7/17•18	8/14•00	9/10•06	10/7•14	11/4•00	12/1•11	12/28•21
山羊座	1/9•15	2/5•21	3/5•03	4/1•09	4/28•18	5/26•04	6/22•14	7/19•22	8/16•04	9/12•10	10/9•16	11/6•01	12/3•11	12/30•22
水瓶座	1/11•22	2/8•05	3/7•11	4/3•17	5/1•00	5/28•09	6/24•18	7/22•03	8/18•10	9/14•16	10/11•22	11/8•05	12/5•14	
魚座	1/14•09	2/10•15	3/9•22	4/6•03	5/3•10	5/30•17	6/27•02	7/24•10	8/20•18	9/17•01	10/14•07	11/10•13	12/7•20	

1968														
牡羊座		1/6•15	2/3•00	3/1•08	3/28•16	4/24•22	5/22•03	6/18•10	7/15•18	8/12•03	9/8•12	10/5•20	11/2•02	11/29•07	12/26•14
牡牛座		1/9•03	2/5•11	3/3•19	3/31•03	4/27•09	5/24•15	6/20•21	7/18•05	8/14•13	9/10•21	10/8•05	11/4•12	12/1•18	12/29•00
双子座		1/11•16	2/8•00	3/6•08	4/2•16	4/29•22	5/27•04	6/23•10	7/20•17	8/17•01	9/13•09	10/10•17	11/7•00	12/4•06	12/31•12
蟹座		1/14•03	2/10•12	3/8•20	4/5•04	5/2•11	5/29•17	6/25•23	7/23•06	8/19•13	9/15•21	10/13•05	11/9•12	12/6•19	
獅子座		1/16•11	2/12•20	3/11•05	4/7•14	5/4•22	6/1•04	6/28•10	7/25•16	8/22•00	9/18•08	10/15•17	11/12•01	12/9•07	
乙女座		1/18•17	2/15•01	3/13•11	4/9•21	5/7•06	6/3•13	6/30•18	7/28•00	8/24•07	9/20•16	10/18•02	11/14•11	12/11•16	
天秤座		1/20•22	2/17•04	3/15•13	4/12•00	5/9•10	6/5•19	7/3•01	7/30•07	8/26•13	9/22•21	10/20•07	11/16•17	12/14•02	
蠍座		1/23•01	2/19•07	3/17•15	4/14•01	5/11•12	6/7•22	7/5•05	8/1•11	8/28•17	9/25•00	10/22•09	11/18•20	12/16•07	
射手座		1/25•04	2/21•10	3/19•16	4/16•00	5/13•11	6/9•22	7/7•07	8/3•14	8/30•20	9/27•02	10/24•10	11/20•20	12/18•07	
山羊座		1/27•07	2/23•13	3/21•19	4/18•01	5/15•11	6/11•21	7/9•07	8/5•16	9/1•22	9/29•04	10/26•10	11/22•19	12/20•07	
水瓶座	1/2•00	1/29•10	2/25•18	3/23•23	4/20•05	5/17•12	6/13•22	7/11•08	8/7•18	9/4•01	10/1•07	10/28•13	11/24•20	12/22•06	
魚座	1/4•06	1/31•15	2/28•00	3/26•06	4/22•12	5/19•18	6/16•02	7/13•11	8/9•21	9/6•05	10/3•12	10/30•18	11/27•00	12/24•08	

1969													
牡羊座		1/22•23	2/19•09	3/18•18	4/15•02	5/12•08	6/8•14	7/5•20	8/2•05	8/29•15	9/26•01	10/23•09	11/19•16	12/16•21
牡牛座		1/25•07	2/21•16	3/21•01	4/17•10	5/14•16	6/10•22	7/8•04	8/4•11	8/31•20	9/28•05	10/25•15	11/21•22	12/19•04
双子座		1/27•19	2/24•03	3/23•11	4/19•19	5/17•03	6/13•09	7/10•15	8/6•21	9/3•04	9/30•13	10/27•22	11/24•06	12/21•12
蟹座	1/3•01	1/30•08	2/26•15	3/25•23	4/22•07	5/19•15	6/15•21	7/13•03	8/9•09	9/5•16	10/3•00	10/30•08	11/26•16	12/23•23
獅子座	1/5•13	2/1•19	3/1•03	3/28•12	4/24•20	5/22•03	6/18•10	7/15•16	8/11•22	9/8•05	10/5•12	11/1•21	11/29•04	12/26•11
乙女座	1/8•00	2/4•06	3/3•13	3/30•22	4/27•07	5/24•15	6/20•22	7/18•04	8/14•10	9/10•16	10/8•00	11/4•09	12/1•17	12/29•00
天秤座	1/10•09	2/6•14	3/5•21	4/2•05	4/29•15	5/27•00	6/23•08	7/20•14	8/16•20	9/13•02	10/10•10	11/6•19	12/4•04	12/31•12
蠍座	1/12•15	2/8•20	3/8•02	4/4•09	5/1•19	5/29•05	6/25•15	7/22•22	8/19•04	9/15•09	10/12•16	11/9•01	12/6•12	
射手座	1/14•17	2/11•00	3/10•06	4/6•12	5/3•20	5/31.07	6/27•17	7/25•02	8/21•09	9/17•15	10/14•21	11/11•05	12/8•15	
山羊座	1/16•18	2/13•02	3/12•09	4/8•14	5/5•21	6/2•06	6/29•17	7/27•03	8/23•12	9/19•18	10/17•00	11/13•06	12/10•15	
水瓶座	1/18•17	2/15•04	3/14•11	4/10•17	5/7•22	6/4•06	7/1•16	7/29•03	8/25•13	9/21•21	10/19•02	11/15•08	12/12•15	
魚座	1/20•18	2/17•05	3/16•14	4/12•21	5/10•02	6/6•08	7/3•16	7/31•03	8/27•13	9/23•22	10/21•05	11/17•11	12/14•17	

1970													
牡羊座		1/13•04	2/9•13	3/9•00	4/5•11	5/2•19	5/30•00	6/26•06	7/23•13	8/19•22	9/16•09	10/13•19	11/10•04	12/7•10
牡牛座		1/15•09	2/11•17	3/11•03	4/7•13	5/4•22	6/1•05	6/28•11	7/25•16	8/22•00	9/18•09	10/15•20	11/12•06	12/9•13
双子座		1/17•18	2/14•01	3/13•09	4/9•18	5/7•03	6/3•11	6/30•17	7/27•23	8/24•05	9/20•13	10/17•23	11/14•09	12/11•18
蟹座		1/20•05	2/16•11	3/15•18	4/12•03	5/9•11	6/5•19	7/3•02	7/30•08	8/26•14	9/22•21	10/20•05	11/16•14	12/14•00
獅子座		1/22•18	2/19•00	3/18•07	4/14•14	5/11•22	6/8•06	7/5•13	8/1•20	8/29•02	9/25•08	10/22•15	11/19•00	12/16•08
乙女座		1/25•07	2/21•13	3/20•20	4/17•03	5/14•11	6/10•19	7/8•02	8/4•09	8/31•15	9/27•21	10/25•04	11/21•12	12/18•20
天秤座		1/27•19	2/24•01	3/23•07	4/19•15	5/16•23	6/13•07	7/10•15	8/6•22	9/3•03	9/30•10	10/27•17	11/24•01	12/21•09
蠍座	1/2•21	1/30•05	2/26•10	3/25•16	4/21•23	5/19•08	6/15•17	7/13•02	8/9•09	9/5•15	10/2•21	10/30•03	11/26•11	12/23•20
射手座	1/5•02	2/1•11	2/28•18	3/27•23	4/24•05	5/21•13	6/17•23	7/15•08	8/11•17	9/8•00	10/5•06	11/1•11	11/28•19	12/26•04
山羊座	1/7•03	2/3•13	3/2•22	3/30•04	4/26•09	5/23•16	6/20•01	7/17•11	8/13•21	9/10•06	10/7•12	11/3•18	12/1•00	12/28•09
水瓶座	1/9•02	2/5•13	3/5•00	4/1•07	4/28•13	5/25•18	6/22•02	7/19•12	8/15•23	9/12•09	10/9•16	11/5•22	12/3•04	12/30•11
魚座	1/11•02	2/7•13	3/7•00	4/3•09	4/30•16	5/27•21	6/24•03	7/21•12	8/17•22	9/14•09	10/11•19	11/8•02	12/5•07	

1971

牡羊座		1/3・15	1/30・23	2/27・09	3/26・20	4/23・06	5/20・14	6/16・20	7/14・02	8/10・08	9/6・18	10/4・05	10/31・15	11/28・00	12/25・06
牡牛座		1/5・19	2/2・01	3/1・09	3/28・19	4/25・06	5/22・16	6/18・23	7/16・04	8/12・10	9/8・18	10/6・04	11/2・15	11/30・01	12/27・09
双子座		1/8・00	2/4・06	3/3・12	3/30・21	4/27・07	5/24・17	6/21・01	7/18・08	8/14・13	9/10・19	10/8・04	11/4・14	12/2・01	12/29・11
蟹座		1/10・07	2/6・13	3/5・19	4/2・02	4/29・11	5/26・20	6/23・06	7/20・13	8/16・19	9/13・00	10/10・07	11/6・16	12/4・03	12/31・13
獅子座		1/12・16	2/8・23	3/8・05	4/4・11	5/1・19	5/29・03	6/25・12	7/22・20	8/19・03	9/15・09	10/12・15	11/8・22	12/6・07	
乙女座		1/15・04	2/11・11	3/10・17	4/6・23	5/4・06	5/31・14	6/27・22	7/25・06	8/21・13	9/17・19	10/15・01	11/11・08	12/8・16	
天秤座		1/17・17	2/14・00	3/13・06	4/9・12	5/6・19	6/3・02	6/30・10	7/27・18	8/24・01	9/20・08	10/17・14	11/13・20	12/11・03	
蠍座		1/20・05	2/16・12	3/15・19	4/12・00	5/9・07	6/5・15	7/2・23	7/30・07	8/26・14	9/22・21	10/20・03	11/16・09	12/13・16	
射手座		1/22・14	2/18・23	3/18・05	4/14・11	5/11・17	6/8・00	7/5・09	8/1・18	8/29・02	9/25・09	10/22・15	11/18・21	12/16・04	
山羊座		1/24・20	2/21・06	3/20・14	4/16・20	5/14・01	6/10・08	7/7・14	8/4・02	8/31・11	9/27・19	10/25・01	11/21・07	12/18・13	
水瓶座		1/26・22	2/23・09	3/22・18	4/19・02	5/16・07	6/12・13	7/9・20	8/6・06	9/2・16	9/30・02	10/27・09	11/23・15	12/20・21	
魚座	1/1・13	1/28・22	2/25・09	3/24・20	4/21・05	5/18・12	6/14・17	7/11・23	8/8・08	9/4・18	10/2・05	10/29・14	11/25・21	12/23・02	

1972

牡羊座		1/21・12	2/17・19	3/16・05	4/12・16	5/10・02	6/6・09	7/3・15	7/30・21	8/27・04	9/23・13	10/20・23	11/17・10	12/14・18
牡牛座		1/23・14	2/19・20	3/18・04	4/14・15	5/12・02	6/8・11	7/5・18	8/2・00	8/29・06	9/25・13	10/23・00	11/19・11	12/16・21
双子座		1/25・17	2/21・23	3/20・05	4/16・14	5/14・01	6/10・11	7/7・20	8/4・03	8/31・08	9/27・14	10/24・23	11/21・10	12/18・21
蟹座		1/27・21	2/24・03	3/22・08	4/18・16	5/16・01	6/12・12	7/9・22	8/6・05	9/2・11	9/29・17	10/27・00	11/23・10	12/20・21
獅子座	1/2・17	1/30・02	2/26・09	3/24・15	4/20・21	5/18・05	6/14・14	7/12・00	8/8・09	9/4・16	10/1・21	10/29・03	11/25・11	12/22・22
乙女座	1/5・01	2/1・10	2/28・18	3/27・00	4/23・05	5/20・12	6/16・20	7/14・05	8/10・14	9/6・22	10/4・05	10/31・10	11/27・16	12/25・01
天秤座	1/7・12	2/3・20	3/2・04	3/29・11	4/25・17	5/22・23	6/19・06	7/16・14	8/12・22	9/9・07	10/6・13	11/2・19	11/30・01	12/27・08
蠍座	1/10・00	2/6・08	3/4・16	3/31・23	4/28・05	5/25・11	6/21・18	7/19・01	8/15・09	9/11・17	10/9・00	11/5・07	12/2・13	12/29・19
射手座	1/12・12	2/8・21	3/7・05	4/3・11	4/30・18	5/28・00	6/24・06	7/21・14	8/17・22	9/14・06	10/11・13	11/7・19	12/5・01	
山羊座	1/14・21	2/11・07	3/9・16	4/5・23	5/3・05	5/30・11	6/26・18	7/24・01	8/20・10	9/16・18	10/14・02	11/10・08	12/7・14	
水瓶座	1/17・04	2/13・14	3/12・00	4/8・09	5/5・16	6/1・21	6/29・03	7/26・10	8/22・19	9/19・04	10/16・13	11/12・20	12/10・02	
魚座	1/19・08	2/15・17	3/14・04	4/10・14	5/7・22	6/4・05	7/1・10	7/28・16	8/25・00	9/21・10	10/18・20	11/15・05	12/12・12	

1973

牡羊座		1/11・00	2/7・05	3/6・13	4/2・22	4/30・08	5/27・17	6/24・01	7/21・07	8/17・12	9/13・19	10/11・03	11/7・13	12/4・23
牡牛座		1/13・04	2/9・10	3/8・16	4/5・00	5/2・10	5/29・20	6/26・06	7/23・13	8/19・18	9/16・00	10/13・08	11/9・17	12/7・04
双子座		1/15・07	2/11・13	3/10・19	4/7・01	5/4・10	5/31・21	6/28・07	7/25・16	8/21・22	9/18・04	10/15・10	11/11・19	12/9・06
蟹座		1/17・08	2/13・16	3/12・22	4/9・03	5/6・11	6/2・20	6/30・07	7/27・17	8/24・01	9/20・07	10/17・12	11/13・20	12/11・06
獅子座		1/19・09	2/15・18	3/15・01	4/11・07	5/8・13	6/4・21	7/2・07	7/29・18	8/26・03	9/22・10	10/19・15	11/15・21	12/13・06
乙女座		1/21・11	2/17・22	3/17・06	4/13・12	5/10・17	6/7・00	7/4・09	7/31・19	8/28・05	9/24・13	10/21・19	11/18・01	12/15・07
天秤座		1/23・17	2/20・03	3/19・12	4/15・19	5/13・01	6/9・06	7/6・13	8/2・22	8/30・08	9/26・17	10/24・00	11/20・06	12/17・12
蠍座		1/26・03	2/22・12	3/21・20	4/18・04	5/15・10	6/11・16	7/8・22	8/5・06	9/1・14	9/28・23	10/26・07	11/22・14	12/19・20
射手座	1/1・08	1/28・15	2/24・23	3/24・07	4/20・15	5/17・22	6/14・04	7/11・10	8/7・17	9/4・00	10/1・09	10/28・17	11/25・00	12/22・06
山羊座	1/3・21	1/31・04	2/27・12	3/26・20	4/23・04	5/20・11	6/16・15	7/13・23	8/10・06	9/6・13	10/3・21	10/31・05	11/27・12	12/24・19
水瓶座	1/6・08	2/2・15	3/1・23	3/29・08	4/25・16	5/22・23	6/19・05	7/16・11	8/12・18	9/9・02	10/6・10	11/2・18	11/30・01	12/27・08
魚座	1/8・17	2/4・23	3/4・08	3/31・17	4/28・02	5/25・10	6/21・16	7/18・22	8/15・04	9/11・12	10/8・20	11/5・05	12/2・14	12/29・20

1974

牡羊座	1/1・07	1/28・13	2/24・18	3/24・01	4/20・09	5/17・18	6/14・03	7/11・10	8/7・16	9/3・22	10/1・04	10/28・12	11/24・21	12/22・06
牡牛座	1/3・14	1/30・21	2/27・02	3/26・08	4/22・16	5/20・01	6/16・11	7/13・19	8/10・02	9/6・08	10/3・14	10/30・21	11/27・06	12/24・16
双子座	1/5・17	2/2・02	3/1・08	3/28・14	4/24・20	5/22・05	6/18・15	7/16・01	8/12・09	9/8・16	10/5・21	11/2・03	11/29・12	12/26・22
蟹座	1/7・17	2/4・04	3/3・12	3/30・18	4/26・23	5/24・07	6/20・16	7/18・03	8/14・13	9/10・21	10/8・03	11/4・08	12/1・15	12/29・01
獅子座	1/9・17	2/6・04	3/5・14	4/1・21	4/29・02	5/26・08	6/22・17	7/20・03	8/16・13	9/12・23	10/10・06	11/6・12	12/3・18	12/31・02
乙女座	1/11・17	2/8・04	3/7・15	4/3・23	5/1・05	5/28・10	6/24・17	7/22・02	8/18・13	9/14・23	10/12・08	11/8・14	12/5・20	
天秤座	1/13・19	2/10・05	3/9・16	4/6・01	5/3・09	5/30・14	6/26・20	7/24・03	8/20・13	9/16・23	10/14・09	11/10・17	12/7・23	
蠍座	1/16・02	2/12・10	3/11・20	4/8・05	5/5・14	6/1・20	6/29・02	7/26・08	8/22・16	9/19・01	10/16・11	11/12・20	12/10・03	
射手座	1/18・12	2/14・19	3/14・03	4/10・12	5/7・21	6/4・04	7/1・10	7/28・16	8/24・23	9/21・07	10/18・16	11/15・02	12/12・10	
山羊座	1/21・01	2/17・07	3/16・15	4/12・23	5/10・07	6/6・15	7/3・21	7/31・03	8/27・09	9/23・16	10/21・01	11/17・10	12/14・18	
水瓶座	1/23・14	2/19・20	3/19・04	4/15・12	5/12・20	6/9・03	7/6・10	8/2・16	8/29・22	9/26・05	10/23・12	11/19・21	12/17・05	
魚座	1/26・02	2/22・08	3/21・16	4/18・00	5/15・08	6/11・16	7/8・22	8/5・04	9/1・11	9/28・17	10/26・01	11/22・09	12/19・17	

1975

牡羊座		1/18・13	2/14・19	3/14・01	4/10・08	5/7・15	6/3・23	7/1・07	7/28・14	8/24・21	9/21・03	10/18・09	11/14・16	12/12・00
牡牛座		1/21・00	2/17・07	3/16・13	4/12・19	5/10・02	6/6・10	7/3・19	7/31・03	8/27・10	9/23・16	10/20・22	11/17・05	12/14・13
双子座		1/23・08	2/19・17	3/18・23	4/15・04	5/12・11	6/8・19	7/6・04	8/2・13	8/29・21	9/26・03	10/23・09	11/19・15	12/16・23
蟹座		1/25・12	2/21・22	3/21・06	4/17・11	5/14・17	6/11・00	7/8・09	8/4・19	9/1・05	9/28・12	10/25・18	11/22・00	12/19・07
獅子座		1/27・13	2/24・00	3/23・10	4/19・16	5/16・22	6/13・04	7/10・12	8/6・22	9/3・08	9/30・17	10/28・00	11/24・06	12/21・12
乙女座	1/2・03	1/29・12	2/26・00	3/25・10	4/21・19	5/19・01	6/15・06	7/12・13	8/8・22	9/5・08	10/2・19	10/30・04	11/26・10	12/23・15
天秤座	1/4・04	1/31・12	2/27・23	3/27・10	4/23・20	5/21・03	6/17・09	7/14・14	8/10・22	9/7・08	10/4・19	11/1・05	11/28・13	12/25・18
蠍座	1/6・09	2/2・15	3/1・00	3/29・10	4/25・21	5/23・05	6/19・12	7/16・17	8/13・00	9/9・08	10/6・18	11/3・05	11/30・05	12/27・21
射手座	1/8・16	2/4・21	3/4・04	3/31・13	4/27・23	5/25・09	6/21・17	7/18・23	8/15・04	9/11・11	10/8・20	11/5・06	12/2・17	12/30・01
山羊座	1/11・01	2/7・07	3/6・13	4/2・20	4/30・05	5/27・15	6/23・23	7/21・06	8/17・11	9/13・17	10/11・01	11/7・10	12/4・20	
水瓶座	1/13・12	2/9・18	3/9・00	4/5・07	5/2・15	5/29・23	6/26・08	7/23・15	8/19・21	9/16・03	10/13・09	11/9・17	12/7・02	
魚座	1/16・00	2/12・07	3/11・13	4/7・19	5/5・03	6/1・11	6/28・19	7/26・02	8/22・09	9/18・15	10/15・21	11/12・04	12/9・12	

1976

牡羊座		1/8・08	2/4・16	3/2・23	3/30・06	4/26・12	5/23・18	6/20・02	7/17・10	8/13・18	9/10・01	10/7・08	11/3・14	11/30・20	12/28・04
牡牛座		1/10・21	2/7・05	3/5・12	4/1・19	4/29・01	5/26・07	6/22・14	7/19・22	8/16・06	9/12・14	10/9・20	11/6・02	12/3・09	12/30・16
双子座		1/13・08	2/9・17	3/8・01	4/4・07	5/1・13	5/28・19	6/25・03	7/22・11	8/18・19	9/15・03	10/12・09	11/8・15	12/5・22	
蟹座		1/15・16	2/12・02	3/10・11	4/6・18	5/4・00	5/31・06	6/27・13	7/24・21	8/21・06	9/17・14	10/14・21	11/11・03	12/8・09	
獅子座		1/17・20	2/14・07	3/12・17	4/9・02	5/6・08	6/2・14	6/29・20	7/27・03	8/23・13	9/19・22	10/17・07	11/13・14	12/10・09	
乙女座		1/19・22	2/16・08	3/14・19	4/11・05	5/8・13	6/4・19	7/2・01	7/29・07	8/25・16	9/22・02	10/19・12	11/15・21	12/13・03	
天秤座		1/22・00	2/18・08	3/16・19	4/13・06	5/10・16	6/6・23	7/4・05	7/31・10	8/27・18	9/24・03	10/21・14	11/18・01	12/15・08	
蠍座		1/24・03	2/20・09	3/18・18	4/15・05	5/12・16	6/9・01	7/6・08	8/2・13	8/29・19	9/26・04	10/23・14	11/20・02	12/17・11	
射手座		1/26・07	2/22・12	3/20・19	4/17・05	5/14・16	6/11・02	7/8・10	8/4・16	8/31・22	9/28・04	10/25・14	11/22・01	12/19・12	
山羊座	1/1・05	1/28・12	2/24・18	3/23・00	4/19・08	5/16・18	6/13・04	7/10・13	8/6・20	9/3・02	9/30・07	10/27・15	11/24・01	12/21・12	
水瓶座	1/3・12	1/30・20	2/27・02	3/25・07	4/21・14	5/18・22	6/15・08	7/12・17	8/9・01	9/5・07	10/2・13	10/29・19	11/26・04	12/23・14	
魚座	1/5・21	2/2・05	2/29・12	3/27・18	4/23・23	5/21・06	6/17・15	7/15・00	8/11・08	9/7・15	10/4・21	11/1・03	11/28・10	12/25・19	

1977

牡羊座		1/24・12	2/20・21	3/20・05	4/16・12	5/13・18	6/10・00	7/7・07	8/3・16	8/31・01	9/27・10	10/24・17	11/20・22	12/18・04
牡牛座		1/27・00	2/23・08	3/22・16	4/18・23	5/16・05	6/12・11	7/9・18	8/6・01	9/2・10	9/29・18	10/27・02	11/23・08	12/20・14
双子座	1/2・05	1/29・13	2/25・21	3/25・05	4/21・12	5/18・18	6/15・00	7/12・06	8/8・14	9/4・21	10/2・06	10/29・13	11/25・20	12/23・02
蟹座	1/4・16	2/1・00	2/28・09	3/27・17	4/24・00	5/21・07	6/17・13	7/14・19	8/11・02	9/7・10	10/4・18	11/1・02	11/28・08	12/25・15
獅子座	1/7・01	2/3・09	3/2・18	3/30・04	4/26・12	5/23・18	6/20・00	7/17・06	8/13・13	9/9・21	10/7・06	11/3・14	11/30・21	12/28・03
乙女座	1/9・08	2/5・15	3/5・00	4/1・10	4/28・20	5/26・04	6/22・09	7/19・15	8/15・21	9/12・06	10/9・15	11/6・00	12/3・08	12/30・14
天秤座	1/11・14	2/7・20	3/7・04	4/3・14	5/1・00	5/28・09	6/24・17	7/21・22	8/18・04	9/14・11	10/11・20	11/8・07	12/5・16	
蠍座	1/13・18	2/9・23	3/9・06	4/5・15	5/3・01	5/30・12	6/26・21	7/24・03	8/20・09	9/16・15	10/13・23	11/10・10	12/7・21	
射手座	1/15・21	2/12・02	3/11・08	4/7・15	5/5・01	6/1・12	6/28・22	7/26・06	8/22・12	9/18・17	10/16・00	11/12・10	12/9・21	
山羊座	1/17・22	2/14・05	3/13・11	4/9・17	5/7・01	6/3・11	6/30・22	7/28・07	8/24・15	9/20・20	10/18・02	11/14・10	12/11・20	
水瓶座	1/20・00	2/16・09	3/15・15	4/11・20	5/9・03	6/5・12	7/2・22	7/30・08	8/26・17	9/22・23	10/20・05	11/16・11	12/13・20	
魚座	1/22・05	2/18・14	3/17・21	4/14・03	5/11・09	6/7・16	7/5・01	8/1・10	8/28・20	9/25・04	10/22・09	11/18・15	12/15・22	

1978

牡羊座		1/14・12	2/10・22	3/10・08	4/6・17	5/3・23	5/31・05	6/27・11	7/24・19	8/21・05	9/17・15	10/15・00	11/11・07	12/8・13
牡牛座		1/16・21	2/13・05	3/12・14	4/8・23	5/6・07	6/2・13	6/29・18	7/27・01	8/23・09	9/19・19	10/17・04	11/13・13	12/10・19
双子座		1/19・08	2/15・15	3/15・00	4/11・09	5/8・16	6/4・23	7/2・05	7/29・11	8/25・18	9/22・02	10/19・11	11/15・20	12/13・03
蟹座		1/21・21	2/18・04	3/17・12	4/13・20	5/11・04	6/7・11	7/4・17	7/31・22	8/28・05	9/24・13	10/21・21	11/18・05	12/15・13
獅子座		1/24・09	2/20・16	3/20・00	4/16・09	5/13・16	6/9・23	7/7・05	8/3・11	8/30・18	9/27・01	10/24・09	11/20・17	12/18・01
乙女座		1/26・20	2/23・03	3/22・11	4/18・20	5/16・04	6/12・12	7/9・18	8/6・00	9/2・06	9/29・13	10/26・22	11/23・06	12/20・14
天秤座	1/2・00	1/29・05	2/25・11	3/24・19	4/21・04	5/18・13	6/14・22	7/12・05	8/8・11	9/4・16	10/1・23	10/29・08	11/25・17	12/23・02
蠍座	1/4・06	1/31・12	2/27・17	3/27・00	4/23・09	5/20・19	6/17・04	7/14・13	8/10・19	9/7・01	10/4・07	10/31・15	11/28・01	12/25・11
射手座	1/6・08	2/2・16	3/1・22	3/29・04	4/25・11	5/22・21	6/19・07	7/16・17	8/13・01	9/9・07	10/6・12	11/2・19	11/30・04	12/27・15
山羊座	1/8・08	2/4・18	3/4・01	3/31・06	4/27・12	5/24・21	6/21・07	7/18・18	8/15・03	9/11・10	10/8・16	11/4・22	12/2・06	12/29・16
水瓶座	1/10・07	2/6・18	3/6・03	4/2・09	4/29・15	5/26・21	6/23・06	7/20・17	8/17・03	9/13・12	10/10・19	11/7・00	12/4・07	12/31・16
魚座	1/12・08	2/8・19	3/8・05	4/4・12	5/1・18	5/29・00	6/25・07	7/22・17	8/19・03	9/15・13	10/12・21	11/9・03	12/6・09	

1979

牡羊座		1/4・19	2/1・03	2/28・14	3/28・01	4/24・10	5/21・17	6/17・22	7/15・04	8/11・12	9/7・23	10/5・09	11/1・19	11/29・02	12/26・08
牡牛座		1/7・00	2/3・07	3/2・16	3/30・03	4/26・12	5/23・20	6/20・02	7/17・08	8/13・14	9/9・23	10/7・10	11/3・20	12/1・05	12/28・11
双子座		1/9・09	2/5・15	3/4・22	4/1・07	4/28・17	5/26・02	6/22・08	7/19・14	8/15・20	9/12・03	10/9・12	11/5・22	12/3・08	12/30・16
蟹座		1/11・19	2/8・01	3/7・08	4/3・15	5/1・00	5/28・09	6/24・16	7/21・23	8/18・04	9/14・10	10/11・18	11/8・03	12/5・13	
獅子座		1/14・07	2/10・13	3/9・20	4/6・03	5/3・11	5/30・19	6/27・03	7/24・10	8/20・16	9/16・21	10/14・04	11/10・12	12/7・2	
乙女座		1/16・20	2/13・02	3/12・09	4/8・16	5/6・00	6/2・08	6/29・15	7/26・22	8/23・04	9/19・10	10/16・17	11/13・00	12/10・09	
天秤座		1/19・09	2/15・15	3/14・21	4/11・04	5/8・12	6/4・20	7/2・04	7/29・11	8/25・17	9/21・23	10/19・06	11/15・13	12/12・22	
蠍座		1/21・19	2/18・01	3/17・07	4/13・13	5/10・21	6/7・06	7/4・15	7/31・23	8/28・05	9/24・11	10/21・17	11/18・00	12/15・09	
射手座		1/24・01	2/20・09	3/19・15	4/15・20	5/13・03	6/9・12	7/6・22	8/3・07	8/30・15	9/26・21	10/24・02	11/20・09	12/17・18	
山羊座		1/26・03	2/22・13	3/21・20	4/18・01	5/15・07	6/11・15	7/9・01	8/5・11	9/1・21	9/29・04	10/26・09	11/22・15	12/19・23	
水瓶座		1/28・03	2/24・14	3/23・23	4/20・05	5/17・10	6/13・17	7/11・02	8/7・12	9/3・23	10/1・08	10/28・14	11/24・20	12/22・02	
魚座	1/2・16	1/30・02	2/26・14	3/26・00	4/22・08	5/19・13	6/15・19	7/13・02	8/9・12	9/5・23	10/3・09	10/30・17	11/26・23	12/24・05	

1980

牡羊座		1/22・14	2/18・23	3/17・10	4/13・21	5/11・06	6/7・12	7/4・18	8/1・00	8/28・08	9/24・19	10/22・06	11/18・15	15/15・22
牡牛座		1/24・17	2/21・00	3/19・09	4/15・20	5/13・06	6/9・15	7/6・21	8/3・02	8/30・09	9/26・16	10/24・05	11/20・16	12/18・01
双子座		1/26・21	2/23・03	3/21・11	4/17・21	5/15・07	6/11・16	7/9・00	8/5・05	9/1・11	9/28・18	10/26・04	11/22・15	12/20・02
蟹座	1/1・22	1/29・04	2/25・10	3/23・16	4/20・00	5/17・10	6/13・20	7/11・04	8/7・10	9/3・16	9/30・22	10/28・06	11/24・16	12/22・0
獅子座	1/4・06	1/31・13	2/27・19	3/26・01	4/22・08	5/19・16	6/16・01	7/13・10	8/9・17	9/5・23	10/3・05	10/30・12	11/26・20	12/24・07
乙女座	1/6・17	2/3・00	3/1・07	3/28・13	4/24・19	5/22・03	6/18・11	7/15・19	8/12・03	9/8・10	10/5・15	11/1・21	11/29・05	12/26・14
天秤座	1/9・06	2/5・13	3/3・20	3/31・02	4/27・08	5/24・15	6/20・23	7/18・07	8/14・15	9/10・21	10/8・04	11/4・10	12/1・16	12/29・00
蠍座	1/11・18	2/8・02	3/6・08	4/2・14	4/29・21	5/27・04	6/23・11	7/20・20	8/17・03	9/13・10	10/10・16	11/6・22	12/4・05	12/31・13
射手座	1/14・03	2/10・12	3/8・20	4/5・02	5/2・07	5/29・14	6/25・22	7/23・07	8/19・15	9/15・22	10/13・05	11/9・10	12/6・17	
山羊座	1/16・09	2/12・19	3/11・04	4/7・11	5/4・16	5/31・22	6/28・06	7/25・15	8/22・00	9/18・09	10/15・16	11/11・21	12/9・03	
水瓶座	1/18・12	2/14・22	3/13・09	4/9・17	5/6・23	6/3・05	6/30・11	7/27・20	8/24・06	9/20・15	10/18・00	11/14・06	12/11・12	
魚座	1/20・13	2/16・23	3/15・10	4/11・20	5/9・04	6/5・09	7/2・15	7/29・22	8/26・08	9/22・18	10/20・05	11/16・12	12/13・18	

1981

牡羊座		1/12・04	2/8・10	3/7・19	4/4・05	5/1・16	5/29・01	6/25・07	7/22・13	8/18・19	9/15・03	10/12・13	11/9・00	12/6・09
牡牛座		1/14・07	2/10・12	3/9・19	4/6・05	5/3・16	5/31・02	6/27・10	7/24・17	8/20・22	9/17・05	10/14・14	11/11・01	12/8・12
双子座		1/16・09	2/12・15	3/11・21	4/8・05	5/5・15	6/2・02	6/29・11	7/26・19	8/23・00	9/19・06	10/16・14	11/13・00	12/10・12
蟹座		1/18・12	2/14・19	3/14・00	4/10・07	5/7・15	6/4・02	7/1・12	7/28・21	8/25・03	9/21・09	10/18・15	11/15・00	12/12・11
獅子座		1/20・16	2/17・00	3/16・06	4/12・12	5/9・19	6/6・04	7/3・14	7/30・23	8/27・07	9/23・13	10/20・19	11/17・02	12/14・11
乙女座		1/22・23	2/19・08	3/18・14	4/14・20	5/12・02	6/8・09	7/5・06	8/2・04	8/29・13	9/25・20	10/23・01	11/19・07	12/16・15
天秤座		1/25・09	2/21・17	3/21・01	4/17・07	5/14・12	6/10・19	7/8・03	8/4・11	8/31・20	9/28・04	10/25・10	11/21・16	12/18・22
蠍座		1/27・21	2/24・05	3/23・12	4/19・19	5/17・01	6/13・07	7/10・14	8/6・22	9/3・06	9/30・14	10/27・21	11/24・03	12/21・09
射手座	1/3・01	1/30・09	2/26・18	3/26・01	4/22・07	5/19・13	6/15・20	7/13・03	8/9・10	9/5・18	10/3・02	10/30・09	11/26・15	12/23・21
山羊座	1/5・11	2/1・20	3/1・05	3/28・13	4/24・20	5/22・01	6/18・07	7/15・14	8/11・22	9/8・07	10/5・15	11/1・22	11/29・04	12/26・10
水瓶座	1/7・16	2/4・03	3/3・13	3/30・22	4/27・06	5/24・12	6/20・18	7/18・00	8/14・08	9/10・17	10/8・02	11/4・10	12/1・16	12/28・22
魚座	1/10・00	2/6・07	3/5・17	4/2・04	4/29・13	5/26・20	6/23・02	7/20・07	8/16・15	9/13・00	10/10・10	11/6・19	12/4・02	12/31・08

1982

牡羊座	1/2・16	1/29・21	2/26・03	3/25・12	4/21・21	5/19・07	6/15・15	7/12・22	8/9・03	9/5・09	10/2・17	10/30・02	11/26・12	12/23・21
牡牛座	1/4・20	2/1・02	2/28・08	3/27・15	4/24・00	5/21・10	6/17・20	7/15・04	8/11・10	9/7・15	10/4・22	11/1・07	11/28・18	12/26・04
双子座	1/6・22	2/3・05	3/2・11	3/29・17	4/26・01	5/23・11	6/19・22	7/17・07	8/13・14	9/9・20	10/7・02	11/3・09	11/30・20	12/28・07
蟹座	1/8・22	2/5・07	3/4・14	3/31・19	4/28・02	5/25・11	6/21・21	7/19・08	8/15・17	9/11・23	10/9・05	11/5・11	12/2・20	12/30・07
獅子座	1/10・22	2/7・09	3/6・17	4/2・23	4/30・04	5/27・11	6/23・21	7/21・08	8/17・18	9/14・02	10/11・08	11/7・13	12/4・20	
乙女座	1/13・01	2/9・11	3/8・20	4/5・03	5/2・09	5/29・15	6/25・23	7/23・08	8/19・19	9/16・04	10/13・11	11/9・17	12/6・23	
天秤座	1/15・06	2/11・16	3/11・02	4/7・09	5/4・16	5/31・21	6/28・04	7/25・12	8/21・21	9/18・07	10/15・15	11/11・22	12/9・03	
蠍座	1/17・16	2/14・00	3/13・09	4/9・18	5/7・00	6/3・06	6/30・12	7/27・19	8/24・03	9/20・13	10/17・21	11/14・05	12/11・11	
射手座	1/20・04	2/16・12	3/15・20	4/12・04	5/9・11	6/5・18	7/2・23	7/30・06	8/26・13	9/22・22	10/20・06	11/16・14	12/13・20	
山羊座	1/22・17	2/19・01	3/17・09	4/14・17	5/12・00	6/8・06	7/5・12	8/1・19	8/29・02	9/25・10	10/22・18	11/19・01	12/16・08	
水瓶座	1/25・05	2/21・13	3/20・21	4/17・06	5/14・13	6/10・20	7/8・01	8/4・08	8/31・15	9/27・23	10/25・07	11/21・15	12/18・22	
魚座	1/27・14	2/23・22	3/23・7	4/19・16	5/17・06	6/13・07	7/10・13	8/6・19	9/3・02	9/30・10	10/27・19	11/24・03	12/21・10	

1983

牡羊座		1/20・03	2/15・09	3/15・15	4/11・23	5/9・07	6/5・16	7/3・00	7/30・06	8/26・12	9/22・18	10/20・01	11/16・10	12/13・18
牡牛座		1/22・12	2/18・18	3/17・23	4/13・06	5/11・15	6/8・00	7/5・09	8/1・17	8/28・23	9/25・04	10/22・11	11/18・19	12/16・05
双子座		1/24・17	2/21・00	3/20・05	4/16・11	5/13・19	6/10・05	7/7・15	8/4・00	8/31・07	9/27・12	10/24・18	11/21・02	12/18・11
蟹座		1/26・18	2/23・04	3/22・10	4/18・15	5/15・22	6/12・07	7/9・17	8/6・03	9/2・12	9/29・18	10/27・00	11/23・06	12/20・15
獅子座	1/1・07	1/28・18	2/25・05	3/24・13	4/20・18	5/18・00	6/14・07	7/11・17	8/8・04	9/4・14	10/1・22	10/29・04	11/25・09	12/22・17
乙女座	1/3・07	1/30・16	2/27・05	3/26・14	4/22・21	5/20・03	6/16・09	7/13・17	8/10・03	9/6・14	10/3・23	10/31・07	11/27・12	12/23・21
天秤座	1/5・10	2/1・19	3/1・06	3/28・16	4/25・00	5/22・06	6/18・12	7/15・18	8/12・03	9/8・13	10/6・00	11/2・09	11/29・15	12/26・04
蠍座	1/7・16	2/4・00	3/3・09	3/30・19	4/27・04	5/24・11	6/20・17	7/17・23	8/14・06	9/10・15	10/8・01	11/4・11	12/1・19	12/28・07
射手座	1/10・02	2/6・08	3/5・16	4/2・01	4/29・10	5/26・18	6/23・01	7/20・07	8/16・13	9/12・20	10/10・05	11/6・15	12/4・00	12/30・07
山羊座	1/12・14	2/8・21	3/8・04	4/4・12	5/1・20	5/29・04	6/25・11	7/22・17	8/18・23	9/15・06	10/12・14	11/8・23	12/6・07	
水瓶座	1/15・03	2/11・10	3/10・17	4/7・00	5/4・08	5/31・16	6/27・23	7/25・05	8/21・11	9/17・18	10/15・01	11/11・09	12/8・18	
魚座	1/17・16	2/13・22	3/13・05	4/9・13	5/6・21	6/3・05	6/30・12	7/27・18	8/24・00	9/20・07	10/17・14	11/13・22	12/11・06	

1984

牡羊座		1/10・02	2/6・09	3/4・15	3/31・21	4/28・04	5/25・12	6/21・20	7/19・03	8/15・10	9/11・17	10/8・23	11/5・05	12/2・13	12/29・21
牡牛座		1/12・14	2/8・21	3/7・03	4/3・09	4/30・16	5/27・23	6/24・08	7/21・16	8/17・23	9/14・06	10/11・11	11/7・18	12/5・01	
双子座		1/14・22	2/11・07	3/9・13	4/5・19	5/3・01	5/30・08	6/26・17	7/24・02	8/20・11	9/16・17	10/13・23	11/10・05	12/7・12	
蟹座		1/17・02	2/13・12	3/11・21	4/8・03	5/5・08	6/1・15	6/28・23	7/26・09	8/22・18	9/19・03	10/16・09	11/12・15	12/9・21	
獅子座		1/19・03	2/15・14	3/14・00	4/10・08	5/7・14	6/3・19	7/1・03	7/28・12	8/24・22	9/21・08	10/18・16	11/14・22	12/12・03	
乙女座		1/21・03	2/17・14	3/16・01	4/12・10	5/9・17	6/5・22	7/3・04	7/30・12	8/26・23	9/23・09	10/20・19	11/17・02	12/14・08	
天秤座		1/23・03	2/19・13	3/17・24	4/14・10	5/11・19	6/8・01	7/5・06	8/1・13	8/28・22	9/25・09	10/22・20	11/19・04	12/16・11	
蠍座		1/25・06	2/21・14	3/19・24	4/16・11	5/13・20	6/10・04	7/7・09	8/3・15	8/30・22	9/26・08	10/24・19	11/21・06	12/18・13	
射手座		1/27・12	2/23・18	3/22・03	4/18・13	5/15・23	6/12・07	7/9・14	8/5・19	9/2・01	9/29・10	10/26・20	11/23・07	12/20・16	
山羊座	1/2・15	1/29・21	2/26・03	3/24・10	4/20・18	5/18・04	6/14・13	7/11・20	8/8・02	9/4・08	10/1・14	10/28・23	11/25・09	12/22・19	
水瓶座	1/5・02	2/1・08	2/28・14	3/26・20	4/23・03	5/20・12	6/16・21	7/14・05	8/10・11	9/6・17	10/3・23	10/31・06	11/27・15	12/25・01	
魚座	1/7・14	2/3・20	3/2・02	3/29・09	4/25・15	5/22・23	6/19・07	7/16・15	8/12・22	9/9・04	10/6・10	11/2・17	11/30・01	12/27・09	

1985

牡羊座		1/26・05	2/22・13	3/21・19	4/18・01	5/15・07	6/11・14	7/8・22	8/5・07	9/1・15	9/28・22	10/26・04	11/22・10	12/19・17
牡牛座	1/1・10	1/28・18	2/25・01	3/24・08	4/20・14	5/17・20	6/14・03	7/11・11	8/7・19	9/4・02	10/1・14	10/29・09	11/24・22	12/22・05
双子座	1/3・21	1/31・06	2/27・14	3/26・21	4/23・03	5/20・09	6/16・16	7/14・00	8/10・08	9/6・15	10/3・23	10/31・05	11/27・11	12/25・01
蟹座	1/6・05	2/2・04	3/2・02	3/29・08	4/25・14	5/22・20	6/19・02	7/16・10	8/12・18	9/9・11	10/6・11	11/2・18	11/29・23	12/27・09
獅子座	1/8・10	2/4・20	3/4・06	3/31・16	4/27・23	5/25・05	6/21・11	7/18・17	8/15・02	9/11・11	10/8・21	11/5・04	12/2・10	12/29・21
乙女座	1/10・13	2/6・22	3/6・09	4/2・19	4/30・04	5/27・11	6/23・27	7/20・22	8/17・06	9/13・16	10/11・02	11/7・11	12/4・18	12/31・22
天秤座	1/12・16	2/8・23	3/8・09	4/4・20	5/2・06	5/29・15	6/25・21	7/23・02	8/19・09	9/15・18	10/13・04	11/9・15	12/7・00	
蠍座	1/14・09	2/11・01	3/10・09	4/6・19	5/4・06	5/31・16	6/28・00	7/25・05	8/21・11	9/17・18	10/15・04	11/11・16	12/9・02	
射手座	1/16・23	2/13・04	3/12・10	4/8・19	5/6・06	6/2・17	6/30・02	7/27・08	8/23・14	9/19・20	10/17・04	11/13・15	12/11・02	
山羊座	1/19・30	2/15・09	3/14・15	4/10・22	5/8・07	6/4・18	7/2・03	7/29・11	8/25・17	9/21・23	10/19・06	11/15・15	12/13・02	
水瓶座	1/21・10	2/17・17	3/16・22	4/13・04	5/10・12	6/6・21	7/4・07	7/31・15	8/27・23	9/24・04	10/21・10	11/17・17	12/15・03	
魚座	1/23・18	2/20・02	3/19・08	4/15・14	5/12・20	6/9・04	7/6・13	8/2・22	8/30・05	9/26・12	10/23・17	11/20・00	12/17・08	

1986

牡羊座		1/16･01	2/12･10	3/11･19	4/8･02	5/5･08	6/1･14	6/28･21	7/26･05	8/22･14	9/19･00	10/16･07	11/12･13	12/9･19
牡牛座		1/18･12	2/14･21	3/14･05	4/10･13	5/7･19	6/4･01	7/1･07	7/28･14	8/24･23	9/21･07	10/18･16	11/14･22	12/12･04
双子座		1/21･01	2/17･09	3/16･17	4/13･01	5/10･07	6/6･13	7/3･20	7/31･02	8/27･10	9/23･18	10/21･02	11/17･09	12/14･16
蟹座		1/23･13	2/19･22	3/19･06	4/15･14	5/12･20	6/9･02	7/6･08	8/2･15	8/29･23	9/26･07	10/23･15	11/19･22	12/17･04
獅子座		1/25･23	2/22･07	3/21･17	4/18･01	5/15･08	6/11･14	7/8･20	8/5･02	9/1･10	9/28･19	10/26･03	11/22･10	12/19･17
乙女座		1/28･06	2/24･14	3/24･00	4/20･09	5/17･18	6/14･00	7/11･06	8/7･12	9/3･19	10/1･04	10/28･13	11/24･22	12/22･04
天秤座	1/3･06	1/30･11	2/26･18	3/26･03	4/22･14	5/20･00	6/16･08	7/13･14	8/9･19	9/6･02	10/3･10	10/30･20	11/27･06	12/24･14
蠍座	1/5･10	2/1･15	2/28･21	3/28･05	4/24･15	5/22･02	6/18･12	7/15･19	8/12･01	9/8･06	10/5･14	11/1･23	11/29･10	12/26･20
射手座	1/7･12	2/3･19	3/3･00	3/30･06	4/26･15	5/24･02	6/20･13	7/17･22	8/14･04	9/10･10	10/7･16	11/4･00	12/1･11	12/28･22
山羊座	1/9･13	2/5･21	3/5･03	4/1･08	4/28･16	5/26･01	6/22･12	7/19･22	8/16･06	9/12･12	10/9･18	11/6･01	12/3･10	12/30･22
水瓶座	1/11･14	2/8･00	3/7･07	4/3･12	4/30･18	5/28･02	6/24･12	7/21･22	8/18･08	9/14･15	10/11･21	11/8･02	12/5･10	
魚座	1/13･18	2/10･04	3/9･12	4/5･18	5/2･23	5/30･06	6/26･14	7/24･00	8/20･10	9/16･18	10/14･01	11/10･06	12/7･13	

1987

牡羊座		1/6･02	2/2･11	3/1･22	3/29･07	4/25･15	5/22･20	6/19･02	7/16･09	8/12･18	9/9･05	10/6･15	11/2･23	11/30･05	12/27･10
牡牛座		1/8･10	2/4･18	3/4･03	3/31･13	4/27･21	5/25･04	6/21･09	7/18･15	8/14･23	9/11･08	10/8･18	11/5･03	12/2･10	12/29･16
双子座		1/10･22	2/7･04	3/6･12	4/2･21	4/30･06	5/27･13	6/23･19	7/21･00	8/17･07	9/13･15	10/11･00	11/7･09	12/4･17	12/31･23
蟹座		1/13･10	2/9･17	3/9･00	4/5･09	5/2･17	5/30･00	6/26･06	7/23･12	8/19･18	9/16･01	10/13･10	11/9･18	12/7･02	
獅子座		1/15･23	2/12･05	3/11･13	4/7･21	5/5･05	6/1･12	6/28･19	7/26･01	8/22･07	9/18･14	10/15･22	11/12･06	12/9･14	
乙女座		1/18･10	2/14･16	3/14･00	4/10･08	5/7･17	6/4･01	7/1･08	7/28･13	8/24･19	9/21･02	10/18･10	11/14･18	12/12･02	
天秤座		1/20･20	2/17･02	3/16･09	4/12･17	5/10･02	6/6･11	7/3･19	7/31･01	8/27･07	9/23･13	10/20･21	11/17･06	12/14･15	
蠍座		1/23･03	2/19･09	3/18･15	4/14･23	5/12･08	6/8･18	7/6･03	8/2･10	8/29･16	9/25･21	10/23･05	11/19･14	12/17･00	
射手座		1/25･08	2/21･14	3/20･20	4/17･02	5/14･11	6/10･21	7/8･07	8/4･16	8/31･22	9/28･04	10/25･10	11/21･18	12/19･05	
山羊座		1/27･09	2/23･17	3/22･23	4/19･04	5/16･12	6/12･21	7/10･08	8/6･18	9/3･02	9/30･08	10/27･14	11/23･21	12/21･06	
水瓶座	1/1･21	1/29･08	2/25･18	3/25･01	4/21･07	5/18･13	6/14･21	7/12･07	8/8･18	9/5･03	10/2･11	10/29･16	11/25･22	12/23･06	
魚座	1/3･22	1/31･08	2/27･19	3/27･04	4/23･10	5/20･15	6/16･22	7/14･07	8/10･17	9/7･04	10/4･13	10/31･19	11/28･01	12/25･07	

1988

牡羊座		1/23･18	2/20･04	3/18･15	4/15･01	5/12･08	6/8･14	7/5･20	8/2･01	8/29･12	9/25･23	10/23･10	11/19･18	12/17･00
牡牛座		1/25･22	2/22･06	3/20･16	4/17･03	5/14･11	6/10･18	7/7･23	8/4･05	8/31･13	9/27･23	10/25･10	11/21･20	12/19･03
双子座		1/28･05	2/24･12	3/22･20	4/19･06	5/16･16	6/12･23	7/10･05	8/6･11	9/2･17	9/30･02	10/27･12	11/23･22	12/21･07
蟹座	1/3･09	1/30･15	2/26･21	3/25･04	4/21･13	5/18･22	6/15･06	7/12･13	8/8･19	9/5･01	10/2･08	10/29･16	11/26･02	12/23･12
獅子座	1/5･21	2/2･03	2/29･09	3/27･16	4/24･00	5/21･08	6/17･16	7/14･23	8/11･05	9/7･11	10/4･18	11/1･01	11/28･10	12/25･19
乙女座	1/8･10	2/4･16	3/2･22	3/30･05	4/26･12	5/23･20	6/20･04	7/17･11	8/13･18	9/10･00	10/7･06	11/3･13	11/30･21	12/28･05
天秤座	1/10･22	2/7･05	3/5･11	4/1･17	4/29･01	5/26･09	6/22･17	7/20･00	8/16･07	9/12･13	10/9･19	11/6･02	12/3･10	12/30･18
蠍座	1/13･09	2/9･16	3/7･21	4/4･03	5/1･11	5/28･19	6/25･04	7/22･12	8/18･19	9/15･01	10/12･07	11/8･14	12/5･22	
射手座	1/15･15	2/12･00	3/10･06	4/6･11	5/3･18	5/31･02	6/27･11	7/24･21	8/21･05	9/17･11	10/14･17	11/10･23	12/8･07	
山羊座	1/17･17	2/14･04	3/12･12	4/8･17	5/5･23	6/2･06	6/29･15	7/27･01	8/23･11	9/19･19	10/17･01	11/13･06	12/10･13	
水瓶座	1/19･17	2/16･04	3/14･14	4/10･21	5/8･03	6/4･09	7/1･16	7/29･02	8/25･13	9/21･23	10/19･06	11/15･12	12/12･17	
魚座	1/21･16	2/18･04	3/16･15	4/12･23	5/10･06	6/6･11	7/3･18	7/31･02	8/27･13	9/24･00	10/21･09	11/17･16	12/14･21	

1989

牡羊座		1/13･06	2/9･13	3/9･00	4/5･11	5/2･21	5/30･04	6/26･10	7/23･16	8/19･23	9/16･09	10/13･20	11/10･06	12/7･14
牡牛座		1/15･09	2/11･15	3/10･23	4/7･10	5/4･21	6/1･06	6/28･13	7/25･18	8/22･00	9/18･08	10/15･19	11/12･06	12/9･16
双子座		1/17･13	2/13･18	3/13･01	4/9･11	5/6･21	6/3･07	6/30･15	7/27･21	8/24･03	9/20･09	10/17･18	11/14･05	12/11･16
蟹座		1/19･19	2/16･01	3/15･06	4/11･14	5/8･23	6/5･09	7/2･18	7/30･02	8/26･07	9/22･13	10/19･20	11/16･06	12/13･17
獅子座		1/22･03	2/18･10	3/17･15	4/13･22	5/11･05	6/7･14	7/5･00	8/1･08	8/28･14	9/24･20	10/22･02	11/18･10	12/15･20
乙女座		1/24･14	2/20･21	3/20･03	4/16･09	5/13･15	6/9･23	7/7･08	8/3･16	8/30･23	9/27･06	10/24･11	11/20･18	12/18･02
天秤座		1/27･02	2/23･09	3/22･15	4/18･22	5/16･04	6/12･12	7/9･19	8/6･03	9/2･11	9/29･17	10/26･23	11/23･05	12/20･13
蠍座	1/2･07	1/29･15	2/25･22	3/25･04	4/21･10	5/18･17	6/15･00	7/12･08	8/8･16	9/4･23	10/2･06	10/29･12	11/25･18	12/23･01
射手座	1/4･16	2/1･01	2/28･09	3/27･16	4/23･22	5/21･04	6/17･11	7/14･20	8/11･04	9/7･12	10/4･18	11/1･00	11/28･06	12/25･14
山羊座	1/6･22	2/3･08	3/2･18	3/30･01	4/26･07	5/23･13	6/19･20	7/17･04	8/13･13	9/9･22	10/7･06	11/3･12	11/30･17	12/28･00
水瓶座	1/9･02	2/5･12	3/4･23	4/1･08	4/28･15	5/25･20	6/22･02	7/19･10	8/15･19	9/12･05	10/9･14	11/5･21	12/3･03	12/30･09
魚座	1/11･04	2/7･13	3/7･00	4/3･11	4/30･19	5/28･01	6/24･07	7/21･13	8/17･22	9/14･08	10/11･19	11/8･03	12/5･10	

1990

牡羊座		1/3･20	1/31･02	2/27･10	3/26･20	4/23･06	5/20･16	6/16･23	7/14･05	8/10･11	9/6･18	10/4･03	10/31･14	11/28･00	12/25･07
牡牛座		1/6･00	2/2･05	3/1･11	3/28･20	4/25･07	5/22･17	6/19･02	7/16･09	8/12･14	9/8･20	10/6･05	11/2･15	11/30･02	12/27･12
双子座		1/8･02	2/4･08	3/3･13	3/30･20	4/27･06	5/24･16	6/21･03	7/18･11	8/14･17	9/10･23	10/8･05	11/4･15	12/2･02	12/29･13
蟹座		1/10･03	2/6･11	3/5･17	4/1･22	4/29･06	5/26･16	6/23･03	7/20･12	8/16･20	9/13･01	10/10･07	11/6･15	12/4･01	12/31･13
獅子座		1/12･07	2/8･15	3/7･22	4/4･03	5/1･10	5/28･18	6/25･04	7/22･14	8/18･23	9/15･05	10/12･11	11/8･17	12/6･01	
乙女座		1/14･12	2/10･22	3/10･05	4/6･11	5/3･17	5/31･00	6/27･08	7/24･18	8/21･03	9/17･11	10/14･17	11/10･22	12/8･05	
天秤座		1/16･22	2/13･07	3/12･15	4/8･21	5/6･03	6/2･09	6/29･16	7/27･01	8/23･10	9/19･18	10/17･01	11/13･07	12/10･12	
蠍座		1/19･10	2/15･18	3/15･02	4/11･09	5/8･15	6/4･21	7/2･04	7/29･11	8/25･19	9/22･04	10/19･11	11/15･17	12/12･23	
射手座		1/21･22	2/18･07	3/17･14	4/13･21	5/11･03	6/7･09	7/4･16	7/31･23	8/28･07	9/24･15	10/21･23	11/18･05	12/15･11	
山羊座		1/24･09	2/20･18	3/20･03	4/16･10	5/13･16	6/9･22	7/7･04	8/3･12	8/30･20	9/27･04	10/24･12	11/20･18	12/18･00	
水瓶座		1/26･17	2/23･02	3/22･12	4/18･20	5/16･03	6/12･09	7/9･15	8/5･22	9/2･06	9/29･15	10/27･00	11/23･07	12/20･12	
魚座	1/1･16	1/28･22	2/25･07	3/24･18	4/21･03	5/18･11	6/14･17	7/11･23	8/8･05	9/4･14	10/1･23	10/29･09	11/25･17	12/22･23	

1991

牡羊座		1/21・13	2/17・19	3/17・02	4/13・11	5/10・21	6/7・06	7/4・13	7/31・19	8/28・01	9/24・07	10/21・16	11/18・02	12/15・11
牡牛座		1/23・18	2/20・00	3/19・06	4/15・15	5/13・01	6/9・11	7/6・19	8/3・02	8/30・07	9/26・13	10/23・21	11/20・07	12/17・18
双子座		1/25・22	2/22・04	3/21・09	4/17・16	5/15・02	6/11・12	7/8・22	8/5・06	9/1・13	9/28・18	10/26・01	11/22・10	12/19・21
蟹座		1/27・23	2/24・06	3/23・12	4/19・18	5/17・02	6/13・12	7/10・23	8/7・08	9/3・16	9/30・21	10/28・03	11/24・11	12/21・21
獅子座	1/2・12	1/30・00	2/26・09	3/25・15	4/21・21	5/19・03	6/15・12	7/12・22	8/9・09	9/5・18	10/3・00	10/30・06	11/26・12	12/23・21
乙女座	1/4・14	2/1・01	2/28・11	3/27・19	4/24・01	5/21・06	6/17・14	7/14・23	8/11・09	9/7・19	10/5・03	11/1・09	11/28・15	12/25・22
天秤座	1/6・18	2/3・06	3/2・16	3/30・00	4/26・07	5/23・13	6/19・19	7/17・02	8/13・11	9/9・21	10/7・06	11/3・14	11/30・19	12/28・01
蠍座	1/9・05	2/5・14	3/4・23	4/1・08	4/28・15	5/25・21	6/22・03	7/19・09	8/15・17	9/12・02	10/9・11	11/5・20	12/3・02	12/30・08
射手座	1/11・18	2/8・01	3/7・09	4/3・17	5/1・01	5/28・08	6/24・14	7/21・20	8/18・03	9/14・11	10/11・19	11/8・04	12/5・11	
山羊座	1/14・06	2/10・14	3/9・22	4/6・06	5/3・13	5/30・20	6/27・02	7/24・08	8/20・15	9/16・23	10/14・07	11/10・15	12/7・22	
水瓶座	1/16・19	2/13・02	3/12・10	4/8・18	5/6・02	6/2・09	6/29・15	7/26・21	8/23・04	9/19・11	10/16・20	11/13・04	12/10・11	
魚座	1/19・05	2/15・11	3/14・20	4/11・05	5/8・14	6/4・21	7/2・03	7/29・09	8/25・15	9/21・23	10/19・07	11/15・16	12/13・00	

1992

牡羊座		1/11・18	2/7・00	3/6・06	4/2・13	4/29・21	5/27・05	6/23・14	7/20・21	8/17・03	9/13・09	10/10・15	11/6・23	12/4・07	12/31・16
牡牛座		1/14・02	2/10・09	3/8・15	4/4・21	5/2・05	5/29・14	6/25・23	7/23・07	8/19・14	9/15・19	10/13・01	11/9・09	12/6・18	
双子座		1/16・07	2/12・16	3/10・22	4/7・03	5/4・10	5/31・19	6/28・05	7/25・14	8/21・22	9/18・04	10/15・10	11/11・16	12/9・01	
蟹座		1/18・09	2/14・19	3/13・02	4/9・08	5/6・14	6/2・21	6/30・07	7/27・18	8/24・03	9/20・10	10/17・16	11/13・22	12/11・06	
獅子座		1/20・08	2/16・20	3/15・05	4/11・11	5/8・17	6/4・23	7/2・08	7/29・18	8/26・05	9/22・14	10/19・21	11/16・02	12/13・08	
乙女座		1/22・08	2/18・19	3/17・06	4/13・14	5/10・19	6/7・01	7/4・08	7/31・18	8/28・04	9/24・15	10/21・23	11/18・05	12/15・10	
天秤座		1/24・09	2/20・20	3/19・06	4/15・16	5/12・23	6/9・04	7/6・10	8/2・18	8/30・04	9/26・14	10/24・00	11/20・08	12/17・13	
蠍座		1/26・14	2/22・23	3/21・09	4/17・19	5/15・03	6/11・09	7/8・14	8/4・21	9/1・05	9/28・15	10/26・02	11/22・10	12/19・17	
射手座	1/1・17	1/28・23	2/25・06	3/23・15	4/20・00	5/17・09	6/13・16	7/10・22	8/7・03	9/3・10	9/30・19	10/28・05	11/24・15	12/21・22	
山羊座	1/4・05	1/31・11	2/27・17	3/26・01	4/22・09	5/19・18	6/16・01	7/13・08	8/9・13	9/5・20	10/3・03	10/30・12	11/26・21	12/24・06	
水瓶座	1/6・17	2/3・00	3/1・06	3/28・13	4/24・21	5/22・05	6/18・13	7/15・20	8/12・02	9/8・08	10/5・14	11/1・22	11/29・07	12/26・15	
魚座	1/9・06	2/5・12	3/3・19	3/31・02	4/27・10	5/24・18	6/21・01	7/18・08	8/14・14	9/10・20	10/8・03	11/4・11	12/1・19	12/29・03	

1993

牡羊座		1/27・23	2/24・05	3/23・11	4/19・18	5/17・01	6/13・09	7/10・17	8/7・00	9/3・07	9/30・13	10/27・19	11/24・02	12/21・10
牡牛座	1/3・03	1/30・11	2/26・18	3/25・23	4/22・06	5/19・13	6/15・21	7/13・05	8/9・13	9/5・20	10/3・02	10/30・08	11/26・15	12/23・23
双子座	1/5・11	2/1・21	3/1・04	3/28・10	4/24・16	5/21・23	6/18・07	7/15・16	8/12・00	9/8・08	10/5・14	11/1・20	11/29・02	12/26・10
蟹座	1/7・16	2/4・02	3/3・12	3/30・19	4/27・00	5/24・06	6/20・14	7/17・23	8/14・08	9/10・17	10/8・00	11/4・06	12/1・12	12/28・19
獅子座	1/9・17	2/6・04	3/5・15	4/2・00	4/29・06	5/26・12	6/22・18	7/20・02	8/16・12	9/12・22	10/10・07	11/6・14	12/3・19	12/31・01
乙女座	1/11・18	2/8・04	3/7・15	4/4・02	5/1・09	5/28・15	6/24・21	7/22・04	8/18・13	9/15・00	10/12・10	11/8・18	12/6・00	
天秤座	1/13・19	2/10・03	3/9・14	4/6・01	5/3・11	5/30・18	6/26・23	7/24・05	8/20・13	9/16・23	10/14・10	11/10・20	12/8・04	
蠍座	1/15・22	2/12・05	3/11・14	4/8・01	5/5・11	6/1・20	6/29・02	7/26・07	8/22・14	9/18・23	10/16・10	11/12・20	12/10・06	
射手座	1/18・04	2/14・10	3/13・17	4/10・03	5/7・13	6/3・23	7/1・06	7/28・12	8/24・17	9/21・00	10/18・10	11/14・21	12/12・07	
山羊座	1/20・12	2/16・18	3/16・00	4/12・08	5/9・17	6/6・03	7/3・11	7/30・18	8/26・23	9/23・05	10/20・13	11/16・23	12/14・10	
水瓶座	1/22・22	2/19・05	3/18・10	4/14・17	5/12・01	6/8・10	7/5・19	8/2・02	8/29・08	9/25・14	10/22・20	11/19・05	12/16・14	
魚座	1/25・10	2/21・17	3/20・23	4/17・05	5/14・12	6/10・20	7/8・05	8/4・12	8/31・19	9/28・01	10/25・07	11/21・14	12/18・22	

1994

牡羊座		1/17・18	2/14・02	3/13・09	4/9・16	5/6・22	6/3・04	6/30・12	7/27・20	8/24・04	9/20・12	10/17・18	11/14・00	12/11・07
牡牛座		1/20・07	2/16・15	3/15・22	4/12・04	5/9・10	6/5・17	7/3・00	7/30・08	8/26・16	9/22・23	10/20・06	11/16・12	12/13・18
双子座		1/22・19	2/19・04	3/18・11	4/14・17	5/11・23	6/8・06	7/5・13	8/1・21	8/29・05	9/25・12	10/22・19	11/19・01	12/16・07
蟹座		1/25・04	2/21・14	3/20・22	4/17・05	5/14・11	6/10・17	7/8・00	8/4・08	8/31・16	9/28・01	10/25・08	11/21・14	12/18・20
獅子座		1/27・10	2/23・20	3/23・06	4/19・14	5/16・20	6/13・02	7/10・08	8/6・16	9/3・01	9/30・10	10/27・19	11/24・01	12/21・07
乙女座	1/2・06	1/29・13	2/25・23	3/25・10	4/21・19	5/19・03	6/15・09	7/12・14	8/8・21	9/5・06	10/2・16	10/30・02	11/26・10	12/23・16
天秤座	1/4・09	1/31・15	2/28・00	3/27・10	4/23・21	5/21・06	6/17・13	7/14・19	8/11・01	9/7・08	10/4・18	11/1・05	11/28・15	12/25・22
蠍座	1/6・12	2/2・17	3/2・00	3/29・10	4/25・21	5/23・07	6/19・16	7/16・22	8/13・03	9/9・10	10/6・19	11/3・06	11/30・17	12/28・02
射手座	1/8・15	2/4・21	3/4・02	3/31・10	4/27・20	5/25・07	6/21・17	7/19・01	8/15・06	9/11・12	10/8・19	11/5・05	12/2・17	12/30・03
山羊座	1/10・19	2/7・02	3/6・07	4/2・13	4/29・22	5/27・08	6/23・18	7/21・03	8/17・10	9/13・15	10/10・21	11/7・06	12/4・16	
水瓶座	1/13・00	2/9・08	3/8・14	4/4・19	5/2・02	5/29・11	6/25・21	7/23・06	8/19・14	9/15・20	10/13・02	11/9・08	12/6・17	
魚座	1/15・08	2/11・16	3/10・23	4/7・04	5/4・10	5/31・18	6/28・02	7/25・11	8/21・20	9/18・03	10/15・09	11/11・15	12/8・22	

1995

牡羊座		1/7・14	2/4・00	3/3・09	3/30・17	4/26・23	5/24・05	6/20・11	7/17・19	8/14・04	9/10・14	10/7・22	11/4・05	12/1・10	12/28・17
牡牛座		1/10・01	2/6・10	3/5・18	4/2・02	4/29・09	5/26・15	6/22・21	7/20・04	8/16・12	9/12・21	10/10・06	11/6・13	12/2・19	
双子座		1/12・14	2/8・22	3/8・06	4/4・14	5/1・21	5/29・04	6/25・10	7/22・16	8/18・23	9/15・07	10/12・16	11/8・23	12/6・06	
蟹座		1/15・03	2/11・11	3/10・19	4/7・03	5/4・10	5/31・16	6/27・22	7/25・05	8/21・12	9/17・20	10/15・04	11/11・11	12/8・18	
獅子座		1/17・13	2/13・21	3/13・06	4/9・15	5/6・22	6/3・05	6/30・11	7/27・17	8/24・00	9/20・08	10/17・16	11/14・00	12/11・07	
乙女座		1/19・21	2/16・04	3/15・13	4/11・23	5/9・08	6/5・15	7/2・21	7/30・03	8/26・09	9/22・18	10/20・03	11/16・12	12/13・19	
天秤座		1/22・03	2/18・09	3/17・18	4/14・04	5/11・14	6/7・23	7/5・05	8/1・11	8/28・17	9/25・00	10/22・10	11/18・20	12/16・05	
蠍座		1/24・08	2/20・13	3/19・20	4/16・06	5/13・16	6/10・03	7/7・11	8/3・17	8/30・22	9/27・05	10/24・14	11/21・00	12/18・11	
射手座		1/26・11	2/22・17	3/21・22	4/18・06	5/15・16	6/12・03	7/9・13	8/5・21	9/2・02	9/29・08	10/26・15	11/23・01	12/20・13	
山羊座	1/1・03	1/28・13	2/24・20	3/24・01	4/20・07	5/17・16	6/14・03	7/11・13	8/7・22	9/4・05	10/1・11	10/28・17	11/25・01	12/22・12	
水瓶座	1/3・04	1/30・15	2/26・23	3/26・05	4/22・10	5/19・17	6/16・02	7/13・13	8/9・23	9/6・07	10/3・13	10/30・19	11/27・02	12/24・11	
魚座	1/5・07	2/1・18	3/1・03	3/28・10	4/24・15	5/21・21	6/18・05	7/15・14	8/12・00	9/8・10	10/5・17	11/1・23	11/29・04	12/26・12	

月星座

牡羊座

のあなた

勝負と賭けに強い
現代版ジャンヌダルク

【あなたは何で引き寄せる?】

ピンときたら、即行動。
直感と本能的なアンテナを大切に

月星座が牡羊座のあなたは、勝負に強い人。これは、牡羊座のルーラー(支配星)である火星が「戦い」を意味するから。

即断即決、ピンときたら即、行動!　グズグズと考えるより先に手足が動くアクションの速さこそが、あなたの引力。「じっくり考えよう」などと思ったとたん、この引力が死んでしまうから注意して。人の意見や経験は参考程度でOKよ。

あなたの場合、情報が多ければいいというわけじゃない。最高の情報はあなた自身の直感——サバンナのチーターが獲物の匂いをかぎ分けるような、本能的なアンテナなのね。

それは、後天的にはけっして身につかないもの。それだけに、この感覚を信じられるかどうかが勝負。自分のカンさえ信じられれば、あなたにとって、思い通りに運を動かすなんてたやすいはずよ。

引力を
プラスにするもの

チャレンジ
ゴール設定

引力を
マイナスにするもの

せっかち
爆走

【ヒント① もっと愛されるために】

好きなものは好き。偽らない素直さがあなたの魅力

あなたは嘘のつけない人よね？　そのストレートな感情表現は、恋をしてもなんら変わることがない。

好きな人の前では瞳がキラキラと輝き、楽しいときははじけるような笑顔を見せ、悲しいときは涙をこぼす。好きなものは好き、キライなものはキライとストレートに言い放つキップのよさ――この素直さこそが、あなたの魅力なのね。

あなたの場合、男性に「女ってわからないよねー」と思わせることが一切ない。いい意味で、「わかりやすい人」。だからこそ、男性のほうも積極的になれるのね。

注意点をあげるとすれば、知らず知らずのうちに自分主導になってしまうこと。それも悪くはないけれど、ときどき男性にイニシアティブを与えてみては？「あなたにお任せ」という態度も、ときどき見せたほうがよさそうよ。

引力を
プラスにするもの
あいさつ
まっすぐな視線

引力を
マイナスにするもの
自分本位
心を偽る

【ヒント② 仕事で成功するために】

スピーディーに行動できる、自由な環境に身を置いて

成功に必要な要素を、ほぼ網羅しているあなた。ただし、条件が２つ。ひとつは、自由裁量が許される環境を選ぶこと。あなたは命令されるのが大の苦手。事細かに指示してくる人がいると、せっかくの行動力やスピードが宝の持ち腐れになっちゃうわ。

成功を目指すのであれば起業するか、フリーになったほうがベター。少なくとも「これがやりたい！」「○○に行きたい！」と思ったとき、それが気兼ねなくできる環境に身を置くべきね。

もうひとつは、「オリジナリティ」。どこにでもあるもの、誰でもできることではなく、あなたにしかできないことをやってほしいの。たとえば、いちばん得意なものにあなたなりのエッセンスを加えてみるとか。

珍しい資格をとったり、男性優位の分野にチャレンジするのも、成功への確かな足掛かりになるわ。

引力を
プラスにするもの
自分オリジナル
成功報酬

引力を
マイナスにするもの
人マネ
二番煎じ

【ヒント③ リッチになるために】

コツコツより短期決戦で。新しいものに縁がある

月星座が牡羊座の人は、短期決戦でリッチになるタイプ。あなた自身、コツコツ貯めるのは性に合わないのでは？　自分がプロデュースした商品が当たって一攫千金《いっかくせんきん》……なんていうのも、あなたならあり得るハナシ。

勝負の星・火星が味方についているだけに、株や投資とも好相性。牡羊座の月は「新しいもの」に縁があるので、新規上場株を狙うのが正解。ビジネスなら「日本初上陸」のもので大きな利益が望めそう。

健康と金運が密接に結びついているのも、牡羊座に月を持つ人の特徴。つねにベストコンディションでいられるよう、規則正しい生活と適度なエクササイズ、栄養バランスのとれた食事を心がけること。タンパク質をふだんから多めに摂れば、あなたの引力がさらにアップ！

引力をプラスにするもの
オンリーワン
一発勝負

引力をマイナスにするもの
安全策
依存心

あなたが今、運がよくないと感じているとしたら、その原因は…

上から指示される

月星座が牡羊座のあなたは、すべて自分の意志で決めたい人。独立して仕事をするか、自分の裁量ですべて決められる働き方がベスト。誰かの指示で動くというスタイルでは、あなたの実力が発揮できないことを知っておいて。

自分の直感に従っていない

あなたの直感は、12星座随一。にもかかわらず、その素晴らしい直感を無視し始めたとき、運もまた、あなたから離れ始めるの。自分の直感を信じ、素直に従う――それができれば、運は自然に上向いてくるはず。

結論を急ぎすぎている

あなたの強みは、そのスピードと即効力。でも、世の人々がみんなあなたと同じペースとは限らない。実際、あなたのペースについてこられる人は、ほんの一握り。自分の中だけで結論を出さず、ときに待つことも必要よ。

月星座牡羊座の
あなたに送るノウハウ集

セルフイメージを高めるマジカルフレーズ

- 「私はワタシ！」

運を好転させる方法

- スポーツ観戦に行く
- 早起きの習慣をつける
- 大事なことは午前中に終わらせる

迷ったときは

- 最初に感じたことを答えにする

軌道修正のサイン

- 頭が痛くなる
- カンが鈍ってくる
- 車がパンクする

運命の出会いが近づいているときのサイン

- フェミニンな装いをしたくなる
- ウエストにくびれが出てくる
- 人のペースに合わせるのが苦でなくなる

ソウルメイトを引き寄せる魔法

- 髪を艶やかにする
- 眉のラインを整える
- 季節ごとにインテリアを変える

Column

月との「ツキあい方」

「陽」のエネルギーが強いあなたにとって、月はあまりピンとこない存在かも。でも、そんなあなただからこそ、月を意識することで陰陽のバランスがとれるの。アクティブなあなたにしっとりした月の落ち着きが加われば、もはや鬼に金棒！

そのためには、パールのアクセサリーをぜひ身につけて。揺れ動くタイプのパールピアスがベスト。

あなたの引力を高めてくれるもの

場所
PLACE

新規オープンの店
新幹線のホーム

ファッション
FASHION

ライダースジャケット
ミニスカート

美容
BEAUTY

バスタイムの
頭皮マッサージ

メイク
MAKE-UP

潑剌《はつらつ》としたイメージで
リップグロスは MUST

アイテム
ITEM

赤いフレームのメガネ

旅行
TRAVEL

名所を駆け足でめぐる
弾丸ツアー

健康
HEALTH

疲れを感じたら睡眠を
たっぷり取ること

ストレス解消法
STRESS

ジェットコースターで
超スピードを味わう

月星座牡羊座の男性との上手なつきあい方

従順さよりも自分らしさを主張して

彼は、ハラハラドキドキが大好き。刺激的であればあるほど燃えるので、当然、恋の相手もパンチの効いた女性でなければ。
「何が食べたい？」と聞いて、「何でもいいわ」なーんて返してくる女性には興味ゼロ。彼を落としたかったら、従順すぎるのはNG。「私はこういうオンナよ！」ということをいろんなシーンで主張し、彼の興味を引くのがコツ。

彼のペースに合わせすぎないこともポイントよ。牡羊座のルーラーは「戦い」を意味する火星。彼の場合、ケンカも愛情のうちと考えているので、意見の食い違いは気にしなくてOK。多少の衝突は、逆に二人の関係を深めてくれるわ。
とはいえ、最終的には彼を立ててあげること。衝突はしても「やっぱりあなたの言う通り」と認めてあげれば、彼のプライドも大満足。

月と太陽の組み合わせでさらに詳しく

月星座牡羊座×太陽星座

ARIES

太陽星座が

牡羊座

3/21~4/20

まさにエネルギーの塊！　あなたに平凡な人生は似合わない。人を当てにせず、自ら人生を切り開く覚悟で。ダイナミックな人生が似合う人。

CANCER

太陽星座が

蟹座

6/22 ～ 7/22

チャレンジ精神と安定を追い求める気持ちが、微妙に交錯しているあなた。不安になったら、応援してくれる仲間がいることを思い出して。

TAURUS

太陽星座が

牡牛座

4/21 ～ 5/21

ゆったり構えるスローな部分とせっかちでスピーディな部分が混在しているあなた。直感とヒラメキは必ず行動に移して。

LEO

太陽星座が

獅子座

7/23 ～ 8/22

トップに立つことが運命づけられている人。あなたがやりたいと思ったことは、ほぼ何でも成功するはず。大胆な決断と行動が成功のカギ。

GEMINI

太陽星座が

双子座

5/22 ～ 6/21

月と太陽がバツグンの相乗効果をうむ天才型。アイデア、企画力、発信力に優れているあなたは、最先端をいく仕事を。

VIRGO

太陽星座が

乙女座

8/23 ～ 9/23

あなたの中にはつねに矛盾が渦巻いているのでは？　計画通りにいかなくても気にしないこと。チャンスはいくらでもあるのだから。

※占星術では「ホロスコープ」を使って、太陽・月・惑星などの10個の天体の位置をマッピングし、鑑定師が長い時間をかけて鑑定。したがって、生まれた月日だけでなく、生まれ年、生まれた時刻、生まれた場所の座標などが必要になります。現在、一般的な「太陽星座占い」はそれを誕生日だけで簡単に占えるように簡略化したもの。

LIBRA ♎

太陽星座が

天秤座

9/24 ～ 10/23

明るくサッパリしていて、しかも洗練されたあなたは、どこに行っても注目の的！　自分の考えをしっかり伝えることがポイント。

SCORPIO ♏

太陽星座が

蠍座

10/24 ～ 11/22

あなたが本気を出したら、もはや右に出る者なし。望めばあらゆるパワーを手にすることも可能だけれど、使い方を誤らないこと。

SAGITTARIUS ♐

太陽星座が

射手座

11/23 ～ 12/21

日本人離れした感覚の持ち主。行動力はあなた最大の武器。大きな可能性を活かすためにも、のびのびと振る舞える環境を選ぶこと。

CAPRICORN ♑

太陽星座が

山羊座

12/22 ～ 1/20

保守的なのにチャレンジャー。古風と今風がうまくブレンドし、不思議な魅力を醸し出す人。その道の第一人者になる可能性大。

AQUARIUS ♒

太陽星座が

水瓶座

1/21 ～ 2/18

つねに何かにチャレンジしながら、一生走り続ける人。趣味やライフスタイルに変化を持たせることで、人生がより豊かに。

PISCES ♓

太陽星座が

魚座

2/19 ～ 3/20

生まれたての赤ちゃんのように純粋なあなた。その爆発的なエネルギーをどう活かすかが勝負。他人事に巻き込まれすぎないよう注意。

月星座

牡牛座

のあなた

女に生まれた喜びを味わい尽くす
地上のヴィーナス

【あなたは何で引き寄せる?】

バツグンの包容力と安定感。信頼感で人を惹きつける！

「女に生まれてシアワセ♡」——あなたはきっと、そう感じているのでは？　あなたにはおよそ、女性の幸せを堪能できる要素がすべて揃っている。

けして派手ではないのに（むしろ地味）、なぜか人を惹きつけてやまない引力の持ち主——それが、月星座牡牛座のあなた。

あなたの魅力はその「包容力」と「安定感」。「懐が深い」というのは、あなたのためにあるような言葉なのね。そしてもうひとつ。誰もが惹かれるのはたぶん、その「誠意」なのではないかしら。

あなたは決して、人を裏切らない。ウソをつかない。何があっても信頼できる人なのね。口約束はしないから「彼女に頼めばなんとかなる」と思っている人も多いはず。その絶対的な信頼感こそが、あなた最大の引力なのよ。

引力をプラスにするもの
五感を磨く
急がば回れ

引力をマイナスにするもの
低俗
ミーハー

【ヒント① もっと愛されるために】

男性に安らぎを与える、生粋の愛され体質

金星をルーラー（支配星）に持つ牡牛座は、月にとって最高のサイン。あなたは、「女性が持ち得る最大の引力」を天から与えられているの。

牡牛座に月を持つ女性は、元来愛され体質。その安定した穏やかな感情に、安らぎを覚える男性も多いはず。

浮ついたところが一切ないので、遊びの対象になることもない。穏やかな関係を着実に築ける運を持っているのね。

そんなあなたに唯一難点があるとすれば、諦めが悪いこと。「もう少し待てば振り向いてくれるかも」などという往生際の悪さは、せっかくの愛され運を低下させるだけ。

あなたはもともと、必要なものをたやすく引き寄せてしまう人。なのにそれが叶わないのであれば、縁がないものとして諦めるべき。気持ちの切り替えさえできれば、パートナーの登場はぐんと早まるはずよ。

引力を
プラスにするもの
余裕
愛情表現

引力を
マイナスにするもの
束縛
所有欲

【ヒント② 仕事で成功するために】

歴史や伝統を大切に
時とともに花開く、大器晩成型

月星座牡牛座の人は、いわゆる「大器晩成型」。強力な成功運を持ってはいるものの、花開くのは遅いほう。もし今の時点で満足いく結果が得られていなくても、心配は無用。あなたは時とともに、確実に結果を出す人なのだから。

ただし、職種は厳選したほうがベター。まず、軽薄短小の類は避けること。チープなもの、流行りすたりのあるものもNG。あなたにぴったりなのは「歴史と伝統があるもの」、そして「時を超えて価値が変わらないもの」よ。

目上の人や上司から可愛がられるのも、あなたならではの引力。礼儀と敬意を忘れず、つねに真摯な態度で仕事に取り組んでいれば、予想以上のポジションに。

安全志向のあなただけれど、学びきったと感じたときは独立の好機。妥協せず最高の仕事をし続ければ、その道の第一人者に。

引力をプラスにするもの

審美眼
見極め

引力をマイナスにするもの

手抜き
礼儀を忘れる

【ヒント③ リッチになるために】

接するもののクオリティにこだわって 恵まれた金運をさらにアップ！

12星座随一の金運を持つのが、月星座牡牛座のあなた。あなたには一生涯困らないだけの金運が、すでに約束されているのね。とはいえ、それ以上のリッチを目指すのであれば、ちょっとした意識改革が必要よ。

月星座牡牛座の特徴は、ふだん接するもののクオリティが金運に直結すること。チープなものを身につけたり、質の悪いものを食べ続けたりすると金運が低下し、逆に、質のいいものを身につけて厳選された素材を口にすることで、金運もよくなっていくのね。なので、多少値が張ってもクオリティにはこだわるべき。

美術館で絵画を眺め、オーケストラの音色を聴き、高級レストランで一流の料理を味わう――そんなふうに、ふだんからリッチの波動を吸収しておくこと。ジュエリーは小さくてもいいから本物を。

引力を
プラスにするもの
ハイクオリティ
富裕層向け

引力を
マイナスにするもの
大量生産
大衆向け

あなたが今、運がよくないと感じているとしたら、その原因は…

自分のペースが乱されている

月星座牡牛座のあなたは、ひとつのことにじっくり取り組みたい人。自分のペースを乱されると調子が狂うばかりか、実力を発揮できなくなっちゃう。スピードを要求される仕事は、あなたには不向き。クオリティ重視の仕事を選んで。

チープなものに囲まれている

本能的に「価値あるもの」を見分けてしまうあなたは、素材重視で本物志向。大量生産されたチープなものは身のまわりに置くと、あなたの波動が拒否反応を起こしちゃう。可能な範囲でクオリティの高いものを選ぶこと。

五感を使っていない

あなたは、五感を通して幸せを感じ取る感覚型人間。ところが、仕事やらなんやらで頭ばっかり使っていると感覚が鈍り、運まで低下してきてしまうの。そんなときは、美しい音や香りの力を借りて、五感を目覚めさせてあげて。

月星座牡牛座の
あなたに送るノウハウ集

セルフイメージを高めるマジカルフレーズ

●「私は美しき磁石♥」

運を好転させる方法

●美術館で名画を観る
●オイルマッサージを習慣にする
●本物のジュエリーを身につける

迷ったときは

●価値の高いほうを選ぶ

軌道修正のサイン

●わけもなく不安になる
●カッとなることが増える
●風邪ではないのに喉が痛くなる

運命の出会いが近づいているときのサイン

- 鎖骨が出てくる
- 声の通りがよくなる
- 高級品をプレゼントされる

ソウルメイトを引き寄せる魔法

- 上質のリネンで寝る
- シルバーのカトラリーを揃える
- ベッドルームにバラの花を飾る

COLUMN

月との「ツキあい方」

あなたと月の相性はバツグン！ 月にとって、牡牛座は最も心地よいサイン。あなたも、月を見ていると心安らぐのでは？　月と肉体が強く結びついているので、その日の体調をメモする習慣をぜひ。新月から満月に向かうときと、満月から新月に向かうときで、体調がどう違うか？　それがわかれば、人生のコントロールも容易になるわ。

あなたの引力を高めてくれるもの

場所
PLACE

美術館、庭園
アンティークショップ

ファッション
FASHION

襟ぐりのあいたブラウス
ベルベットのスカート

美容
BEAUTY

顎からネックラインにかけて入念にマッサージ

メイク
MAKE-UP

往年の女優風メイク
つけ睫毛をうまく使って

アイテム
ITEM

シルクのランジェリー

旅行
TRAVEL

地方の名物料理を味わうグルメ旅

健康
HEALTH

調子が悪いときは
甲状腺をチェック

ストレス解消法
STRESS

アーユルヴェーダで
至福の時間を味わう

月星座牡牛座の男性との上手なつきあい方

時間をかけて穏やかな関係を築いて

「私はあなたの何なの？ 恋人？ 友達？ ハッキリして！」——この男性を好きになった女性が、よくはくセリフがこれ。

月が牡牛座にある男性は感情のアップダウンがないぶん、恋に落ちるのもゆっくり。注意したいのは、急かさないこと。友達か恋人かにこだわらず、時間をかけて穏やかに関係を築いていくのがベスト。

彼にとって大事なのは「長い時間を共有してきた人」という感覚。友人か恋人かなんて、二の次なのね。温厚な外見とは裏腹に、好き嫌いはめっぽう激しい人。好みじゃない女性に時間を割くことはしないので、会ってくれるうちは脈あり。

誠実で穏やか、将来の経済力と安定性もバツグン。これほどの男性を振り向かせるには、それなりの時間と辛抱が要るということよ。

月と太陽の組み合わせでさらに詳しく

月星座牡牛座×太陽星座

ARIES

太陽星座が

牡羊座

3/21~4/20

周囲のペースに押し流されているのでは？　あなたの引力を強化するためにも、週に１度、何もせずゆったり過ごす時間を作ること。

TAURUS

太陽星座が

牡牛座

4/21 ～ 5/21

海のような穏やかさと大地のような安定感を併せ持つあなたは、さながら女帝のような人。高尚な趣味を持つことで、引力にさらに磨きが。

GEMINI

太陽星座が

双子座

5/22 ～ 6/21

落ち着いた女らしさとコケティッシュなキュートさが、独特の存在感を醸し出す人。なんらかの形で、独自の世界観を表現してみては？

CANCER

太陽星座が

蟹座

6/22 ～ 7/22

女性ホルモンのバランスがよく、健康的な女らしさを湛えた人。住まいの心地よさが運を左右するので、家具とインテリアにはお金をかけて。

LEO

太陽星座が

獅子座

7/23 ～ 8/22

こだわりが強く、ちょっぴり頑固なあなた。自分の考えはそのままに違う価値観も受け入れる余裕を持てば、可能性はさらに拡大。

VIRGO

太陽星座が

乙女座

8/23 ～ 9/23

現実的で安定志向のあなた。懐の深いおっとりした性格が誰からも愛され、可愛がられる人。目上からの引き立てで人生が変わる暗示。

※占星術では「ホロスコープ」を使って、太陽・月・惑星などの10個の天体の位置をマッピングし、鑑定師が長い時間をかけて鑑定。したがって、生まれた月日だけでなく、生まれ年、生まれた時刻、生まれた場所の座標などが必要になります。現在、一般的な「太陽星座占い」はそれを誕生日だけで簡単に占えるように簡略化したもの。

LIBRA ♎

太陽星座が

天秤座

9/24 ～ 10/23

穏やかで優しい性格とノリのいい社交性が相まって、どこに行ってもバツグンの人気を誇るあなた。センスよく見せることが開運ポイント。

CAPRICORN ♑

太陽星座が

山羊座

12/22 ～ 1/20

思ったことを確実に形にする人。控えめながらも、仕事における実力は男性も舌を巻くほど。仕事とプライベートのバランスがポイント。

SCORPIO ♏

太陽星座が

蠍座

10/24 ～ 11/22

集中力と粘り強さにかけては他者の追随を許さないほど。その強力な引力を武器に、力強く人生を切り開く人。根をつめすぎないよう注意。

AQUARIUS ♒

太陽星座が

水瓶座

1/21 ～ 2/18

いちばん重要なものを本能的に見抜けるあなた。右脳と左脳のバランスがよく、メンタルの安定度もバツグン。みんなに頼りにされるタイプ。

SAGITTARIUS ♐

太陽星座が

射手座

11/23 ～ 12/21

陽気でアクティブな雰囲気とは裏腹に、おっとり型のあなた。ぐったりしてしまったときは、バイオリンの音色がパワーチャージに。

PISCES ♓

太陽星座が

魚座

2/19 ～ 3/20

危うそうでいて、その実、誰よりしっかりしているあなた。不満を口にしない優しい性格だけれど、自分の思いを適度に伝えることも必要。

月星座

双子座

のあなた

鮮やかなフットワークで立ち回る
情報社会の申し子

【あなたは何で引き寄せる?】

時流を読みとる天性のアンテナで 必要な情報をキャッチ!

あなたにはまず、「おめでとう」の一言を。何がオメデタイのかって?　双子座の月のもとに生まれたことですよ〜もちろん!

この情報化時代に、月星座双子座はまさに、ベストマッチ。

情報とコミュニケーションの星・水星をルーラー（支配星）に持つあなたは、超高性能のアンテナを立てているようなもの。行く先々で人と出会い、必要な情報をキャッチし、成功への階段をあっという間に駆け上る——そんな「軽やかさ」、いい意味での「要領のよさ」があなたの引力なのね。

変化に対して抵抗がないことも、あなたのスゴイところ。あなたにとって、変化することは息をすることと同じではないかしら?

花から花へ飛び交う蝶のような身軽さと、時流を読みとる天性のアンテナ。あなたはまさに、現代社会の申し子なのよ。

引力を
プラスにするもの
マメなやりとり
近況報告

引力を
マイナスにするもの
口だけ
日和見主義

【ヒント① もっと愛されるために】

ギャップが魅力。爽やかな会話でハートを射止める達人

人間関係とは、会話の上に成り立つもの。それは、男と女の関係においても同じこと。一緒にいて楽しいというのは「会話が楽しい」ということなのね。

この点、あなたの右に出る者などいるはずもなく。いたずらっ子のような眼差しでイキイキを話すあなたに、魅了されない男性はいないはず。話題とボキャブラリーの豊富さもさることながら、あなたの引力はその「爽やかさ」。

あなたの場合、オンナをウリにするのはNG。月星座が双子座の人って、外見はフェミニンなのに話してみるとサバサバしてる……ってタイプが意外に多いのね。

じつは、このギャップこそがあなたの引力。余計な気を遣わせず、そのうえ話題も豊富なあなた。ベタベタせず、かといってクールすぎるわけでもない。その絶妙なバランス感覚があなたの引力なのよ。

引力を
プラスにするもの
ミーティング
プチ駆け引き

引力を
マイナスにするもの
ウワサ話
いい加減

【ヒント② 仕事で成功するために】

順応性と適応力、なんでもこなす器用さがウリ

「何をやっても三日坊主で長続きしない……」月星座双子座の人の中には、そういう悩みを持つ人が多いのね。でも、三日坊主で結構！　というのも、新しいものを次々と追っていくことが、あなた本来の姿だから。

ひとつのことをコツコツ続けるのは、あなたには不向き。同じことをずーっとやっていると、あなた特有の引力が活きてこないのね。そもそも、人より多くの才能が与えられているあなたが、同じことをやり続ける必要もないわけで。

12星座随一の順応性は、新しい仕事や環境にいち早く適応するために与えられたもの。それを活かすことこそ、成功の近道と考えて。

あなたにとって、仕事とは「好奇心を満たすもの」であるべき。この点さえクリアしていれば、成功は約束されたようなものよ。

引力をプラスにするもの
トレンド
新ネタ

引力をマイナスにするもの
旧式
時代遅れ

【ヒント③ リッチになるために】

能力も適性も２つ以上ある
複数のものをやってこそ豊かに

あなたがリッチになるためのポイントは、「ひとつに絞らないこと」。あなたは、複数のことをやってこそ豊かになれる人。今、仕事がひとつだけという人は、収入源をもうひとつ持ってみることをおすすめするわ。

月が双子座にあるということは、能力も適性も２つ以上あるということ。あなたの場合、なにかひとつのことに集中すると、逆にエネルギーが低下してしまうから気をつけて。

リッチを目指すなら、いろんな仕事を同時並行でやれるワーキングスタイルがベター。２つに慣れてきたら、さらに３つ、４つと仕事を増やしていけば、あなたの収入は青天井。

安定を求めて、結果的にリッチから遠ざかってしまうのは、月星座が双子座の人によくあること。リッチを目指すなら「安定は要らない」くらいの心意気で。

**引力を
プラスにするもの**

口コミ
体験談

**引力を
マイナスにするもの**

ルーティーン
安物

あなたが今、運がよくないと感じているとしたら、その原因は…

変化のない毎日を過ごしている

あなたの引力は、変化の中でこそ活きてくるもの。あなた自身、刺激のない毎日には耐えられないのでは？　もし今の仕事がルーティーンワークなら、すぐさま職を変えるべき。でなければ、ONとOFFのメリハリをつけること。

新しいことを学んでいない

双子座の本質は「学ぶこと」。新しい知識を得たいという欲求が誰よりも強い。あなたもきっと、学ぶことが大好きなのでは？　そんなあなたが学ぶことを止めたとき、運は徐々に低下してくるの。さあ、何か勉強を始めて！

ひとつのことだけをやっている

多彩で器用な月星座双子座。ひとつのことに集中するより、複数のことを同時並行でやったほうが、能率が上がるタイプ。仕事と勉強を掛け持ちするとか、サイドビジネスにチャレンジしては？

月星座双子座の
あなたに送るノウハウ集

セルフイメージを高めるマジカルフレーズ

●「私はいつもベストタイミング♪」

運を好転させる方法

●週末はプチ旅行に行く
●子供の頃習っていたものを再開する
●興味あることを片っ端から学んでみる

迷ったときは

●興味が向かうほうを選ぶ

軌道修正のサイン

●ニセ情報をつかまされる
●旅行がキャンセルになる
●スマホやパソコンが壊れる

運命の出会いが近づいているときのサイン

- なにかを本格的に学びたくなる
- メールをチェックしたくなくなる
- 以前一度だけ会った人にバッタリ出会う

ソウルメイトを引き寄せる魔法

- 通勤・通学の経路を変える
- 左右の薬指にリングをつける
- 興味のない分野の本をあえて読む

COLUMN

月との「ツキあい方」

つねに新しいものを求め、軽やかに動き回るあなた。日に日に形を変えてゆく月と変化を好むあなたとは、意外にも似たエネルギーを持っているの。そんなあなたには、月に関する本を読むのがおすすめ。宇宙や天文学の本でもいいし、月の写真集でもいいわね。月にまつわる話や格言を調べてみるのも面白い。新月の夜はミントティーをぜひ。

あなたの引力を高めてくれるもの

場所
PLACE

書店、図書館
セミナー会場

ファッション
FASHION

クロップドパンツ
ミントグリーンの
カーディガン

美容
BEAUTY

朝、炭酸水に
レモン汁を入れて飲む

メイク
MAKE-UP

あっさりした知的なメイク
両耳を出すのがポイント

アイテム
ITEM

ラメ入りのスマホケース

旅行
TRAVEL

セミナーやワークショップ
目的の研修ツアー

健康
HEALTH

1日数回、肩甲骨を
グルグル回す

ストレス解消法
STRESS

目的地を決めず、電車に
乗って気ままに遠出

月星座双子座の男性との上手なつきあい方

勉強、趣味、ビジネスなどに一緒に取り組む

彼を一言で表わすなら、「つかみどころのない人」。女友達がやたら多いし、言動もコロコロ変わる。甘いセリフをささやいたかと思えば、次のときは悲しいほどそっけない……。そんな態度の変化に、心悩ませる女性は数知れず。この男性に恋した女性は、ちょっと大変かもしれないわ。

そもそも彼は、「ひとつに絞る」ことが大の苦手。なんでも２つ以上欲しい人なの。そんな彼に恋人として認められたいなら、何かを一緒にやること。勉強でも趣味でも、ビジネスでもOK。

いずれにせよ、必要以上にオンナを感じさせるのはNG。セクシーすぎると引かれちゃうから注意して。彼の好みは知的で頭の回転が速く、ジョークの応酬ができる女性。元来飽きっぽい彼だけに、「一緒にいて飽きない」と思わせればハートを射止めたのも同然。

月と太陽の組み合わせでさらに詳しく

月星座双子座×太陽星座

ARIES

太陽星座が

牡羊座

3/21~4/20

「マルチプレーヤー」という言葉がぴったりのあなたは、何をやっても人並み以上にこなせてしまう。多角経営で能力を発揮できそう。

CANCER

太陽星座が

蟹座

6/22 ～ 7/22

どんな場面でも臨機応変に対処し、しかも面倒見のよいあなた。幹事役や世話役をすすんで引き受ければ、新境地が見つかりそう。

TAURUS

太陽星座が

牡牛座

4/21 ～ 5/21

いろいろ情報は入ってくるのに「あとでいいや」と置いたままにしておくことが多いのでは？　情報はその日のうちに目を通すこと！

LEO

太陽星座が

獅子座

7/23 ～ 8/22

あなたは天性のエンターテイナー。人を楽しませる能力はピカイチ！なんらかの形で自分の「ステージ」を作ることが開運のカギ。

GEMINI

太陽星座が

双子座

5/22 ～ 6/21

時流を読む力と多彩な才能を持つあなたは、好奇心も人一倍。あらゆることを同時にこなせる人だけに、器用貧乏にならないよう注意。

VIRGO

太陽星座が

乙女座

8/23 ～ 9/23

「歳をとる」という言葉が不似合なあなた。歳を重ねるごとに若くなっているのでは？　セミナーやワークショップには積極的に参加を。

※占星術では「ホロスコープ」を使って、太陽・月・惑星などの10個の天体の位置をマッピングし、鑑定師が長い時間をかけて鑑定。したがって、生まれた月日だけでなく、生まれ年、生まれた時刻、生まれた場所の座標などが必要になります。現在、一般的な「太陽星座占い」はそれを誕生日だけで簡単に占えるように簡略化したもの。

LIBRA ♎
太陽星座が
天秤座
9/24 〜 10/23

オシャレで優雅なあなたは、この時代を楽しむために生まれてきたシンデレラ。頑張りすぎないほうが、運を引き寄せる暗示。

CAPRICORN ♑
太陽星座が
山羊座
12/22 〜 1/20

新しいものをしっかり自分のものにする名人。実利に結びつかなくても、「面白いならOK」という余裕を持つことが大事。

SCORPIO ♏
太陽星座が
蠍座
10/24 〜 11/22

合理性を重んじるあなただけれど、過去のしがらみが足枷になっているのかも。場合によってはすっぱり断ち切ることも必要。

AQUARIUS ♒
太陽星座が
水瓶座
1/21 〜 2/18

インテリジェンスあふれるニュータイプのヒロイン。斬新なアイデアに度肝を抜かれる人も多いはず。ユニークな個性を遠慮せず披露して。

SAGITTARIUS ♐
太陽星座が
射手座
11/23 〜 12/21

もしかして引っ越しマニア？　だとすれば、あなたは自分の引力をよーくわかってる。動けば動くほど運気アップする人。

PISCES ♓
太陽星座が
魚座
2/19 〜 3/20

ロマンチックな乙女の部分とスマートな知性がベストマッチのあなた。そのつかみどころのない不思議さこそ、あなたならではの引力。

月星座

蟹座

のあなた

奥深い母性を秘めた
女の中のオンナ

【あなたは何で引き寄せる?】

人や動植物の心を開かせる、天性の安らぎオーラ

ギャーギャー泣いている赤ちゃんも、あなたが抱っこするとなぜか泣き止む——そんな経験があるのでは？

赤ちゃんだけじゃない。あなたと接する人はみな（老若男女を問わずどころか、動植物までも）、無意識のうちに安らぎを覚えるの。その「安らぎ」こそが、あなたの引力。

あなたには人の警戒心をときほぐし、心開かせる不思議なオーラがあるのね。母性の象徴である月をルーラー（支配星）に持つあなたは、月の影響を誰よりも強く受ける人。それゆえ、母性と愛情は人一倍。赤ん坊を産み育てるように、すべての人にあふれんばかりの愛を注ぐ——それが、月を蟹座に持つあなた。

蟹座の月を持つということは、女性に生まれたことを最大限に活かせるということでもあるのよ。

引力をプラスにするもの

心配り
親しみやすさ

引力をマイナスにするもの

身勝手
気分しだい

【ヒント① もっと愛されるために】

まずは、料理の腕を磨く！
家庭的な雰囲気で魅力も引力UP

　あなたはズバリ、お嫁さん候補ナンバーワン。男性からすると、恋人というより「妻にしたい人」なのね。たとえ口に出さなくとも、あなたを理想の妻とみている男性は多いはず。「彼女みたいな人が家にいてくれたら嬉しいなあ」あなたには、そう思わせる雰囲気があるのね。料理の腕を磨くことでその引力がさらに強化されるので、お料理教室に通うのも一案。ホームパーティーを開いて自慢の腕を披露すれば、狙った男性はなんなく落とせるはず。

　あるいは、会社にお弁当を持って行くのはどうかしら？お目当ての人がいるなら、さりげない差し入れが効果的。

　引力を高めるもうひとつの方法は、ハーブや植物を育てること。人に丁寧に接する、モノを丁寧に扱うといったことも、引力アップにつながるわ。

引力を
プラスにするもの

おもてなし
女房役

引力を
マイナスにするもの

かまいすぎ
人の好き嫌い

【ヒント② 仕事で成功するために】

一人で完結する仕事より、組織や気の合う仲間と一緒に

あなたは人の緊張をときほぐし、安らぎを与える稀有な人。とくに、不安を感じている人などは、あなたと一緒にいるだけで無条件に安心してしまうの。母性に裏打ちされたその包容力は、あなたにのみ与えられた財産。
「成長を見守る」ことを仕事にできるのも、あなたならでは。人や生き物を育てたり能力をのばしたりする才能があるので、それをぜひ使ったほうがいいわね。

もともと寂しがり屋のあなたにとって、「仲間」の存在は不可欠。一人で完結仕事は虚しさを感じるだけでなく、あなたの引力まで低下させてしまうの。なので、独立するより組織で働いたほうがベター。起業するなら気の合う仲間と。
蟹座の月は「家族・家系」を意味するので、ファミリービジネスならベスト。家業を継ぐことで予想以上の成功を収める暗示も。

引力をプラスにするもの
目配り
人当たりのよさ

引力をマイナスにするもの
見てみぬフリ
つっけんどん

【ヒント③ リッチになるために】

一攫千金より、地道にコツコツと。プライベートの充実がカギ

月星座が蟹座の人に与えられた「生み育てる力」――これは、お金に対しても同様。子供が少しずつ大きくなるように、年月とともに増えていくのが、あなたの金運。

一攫千金《いっかくせんきん》を狙うより、自分にできることを確実にこなしていけば、気づいたときにいつのまにかリッチになっているはず。地道にコツコツ仕事をすることがリッチへの道よ。

とはいえ、仕事一辺倒になると体力・気力が落ち込んでしまうので、プライベートな時間はしっかり確保すること。覚えておいてほしいのは、あなたの場合、仕事の量とリッチ度が必ずしも比例しないってこと。

プライベートが充実すると仕事がうまくいき、お金も潤沢に入ってくるタイプなので、プライベートへの投資は惜しまずに。在宅スタイルがリッチへの最短距離よ。

引力をプラスにするもの

万人受け
衣食住

引力をマイナスにするもの

オーバーワーク
粗末な食事

♋

あなたが今、運がよくないと感じているとしたら、その原因は…

家族（実家）と疎遠になっている

月星座蟹座のあなたは、家族関係が運を左右するタイプ。親や家族との関係がよいと幸運に恵まれ、何かしら問題があると運もイマイチ……といった具合。「家族との関係＝運との関係」ということを覚えておいて。

愛情を注ぐ対象がない

母性あふれる月星座蟹座。あなたには「愛情をかけて育てたい」という本能的な欲求があるので、そのエネルギーを満たしてあげることが必要ね。ペットを飼うのもいいし、それがムリなら、ハーブや花を育ててみては？

外食が続いている

あなたは、手料理からエネルギーを受け取る人。ファーストフードやコンビニ食が続くと、パワーダウンはテキメン。簡単でもいいから自炊を心がけること。お料理はあなたの開運アクションのひとつよ。

月星座蟹座の
あなたに送るノウハウ集

セルフイメージを高めるマジカルフレーズ

●「愛する家族がいてシアワセ♥」

運を好転させる方法

●インテリアに凝る

●気軽に話せる男友達をつくる

●苦手な人にこちらから話しかける

迷ったときは

●親友が賛同してくれるほうを選ぶ

軌道修正のサイン

●食器やコップが欠ける

●仲のいい友達が引っ越す

●可愛がっていたペットが他界する

運命の出会いが近づいているときのサイン

- トラウマが癒える
- 一人でいることが好きになる
- 苦い過去が「貴重な経験」と思えてくる

ソウルメイトを引き寄せる魔法

- 料理教室に通う
- 月曜日はパールを身につける
- 家族と映っている幼少期の写真を飾る

COLUMN

月との「ツキあい方」

月をルーラーに持つあなたは、月から受ける影響も人一倍。あなたの場合、月と感情がリンクしているのが最大の特徴よ。新月と満月の日は感情が不安定になりがち。ふとした瞬間、わけもなく泣きたくなることも多いのでは？　そんなときはキャンドルの炎が効果的。頭を空っぽにして、じっと炎を見つめてみて。

あなたの引力を高めてくれるもの

場所
PLACE

地元の商店街
プチペンション

ファッション
FASHION

ざっくり編みのセーター
クリーム色のスカート

美容
BEAUTY

月のサイクルに合わせた
食事療法を

メイク
MAKE-UP

色白でふっくらした
イメージ
眉になだらかな曲線で

アイテム
ITEM

パールの
ロングネックレス

旅行
TRAVEL

山間の温泉宿で
四季折々の自然を堪能

健康
HEALTH

年1回の乳房検診を
忘れずに

ストレス解消法
STRESS

よもぎ蒸しで身体を
芯から温める

月星座蟹座の男性との上手なつきあい方

家庭的な雰囲気とスキンシップが効果大

月星座蟹座の男性は、もしかすると、いちばん落としやすい相手かも。彼が女性に求めるのはたったひとつ、「いい奥さんになれる人かどうか」。その人と「幸せな家庭を築けるかどうか」が最大のポイントなのね。

恋人としてではなく、最初から「もし妻にしたら」という観点でみるので、外見を磨くより家事の腕を磨くほうが先決。もちろん、料理の腕を披露するのも忘れずに。

残業のときの差し入れにいちばん感激するのは、間違いなく月星座蟹座の男性。至近距離にいる人（部下、アシスタント etc.）をいつの間にか恋人にしちゃうのも、この男性によくあるパターン。

スキンシップに愛情を感じるタイプなので、何気ないボディタッチは効果絶大。どこかに出かけるより、あなたの家でまったり……が彼の至福の時間よ。

月と太陽の組み合わせでさらに詳しく

月星座蟹座×太陽星座

ARIES ♈

太陽星座が
牡羊座

3/21~4/20

安全策を選びがちなあなただけれど、チャレンジ精神をプラスしてみて。好奇心とワクワク感が幸運の入口であることをお忘れなく。

CANCER ♋

太陽星座が
蟹座

6/22 ~ 7/22

あなたはすべての人にとって、母親のような存在。育成能力がバツグンに高いので、人の成長を促すような仕事をしてみては？

TAURUS ♉

太陽星座が
牡牛座

4/21 ~ 5/21

愛する家族に囲まれた心地よい暮らし——それがあなたの幸せなのでは？　家具とインテリアをセンスアップすることが、最も近道に。

LEO ♌

太陽星座が
獅子座

7/23 ~ 8/22

陽気で明るい外見とは裏腹に、ガラスのハートをもつ繊細なあなた。自信がなくなったら、いちばん似合う服＋ハイヒールで外出を！

GEMINI ♊

太陽星座が
双子座

5/22 ~ 6/21

ホームパーティーはあなたにとって最高のリフレッシュ法。定期的にやることで仲間が増え、必要な人が集まってくる暗示。

VIRGO ♍

太陽星座が
乙女座

8/23 ~ 9/23

些細なことを気に病みがちなあなたには、ヨガや写経などで頭の中をからっぽにする時間が必要。花やグリーンを置くことも忘れずに。

※占星術では「ホロスコープ」を使って、太陽・月・惑星などの10個の天体の位置をマッピングし、鑑定師が長い時間をかけて鑑定。したがって、生まれた月日だけでなく、生まれ年、生まれた時刻、生まれた場所の座標などが必要になります。現在、一般的な「太陽星座占い」はそれを誕生日だけで簡単に占えるように簡略化したもの。

LIBRA

太陽星座が

天秤座

9/24 〜 10/23

チャーミングで愛嬌のあるあなたは、人を心地よくさせる天才！　すべての人に愛される、生まれながらのムードメーカー。

CAPRICORN

太陽星座が

山羊座

12/22 〜 1/20

親しみと落ち着きのある大和撫子——日本女性のいいところを、すべて持って生まれたあなた。条件云々より尊敬できる男性を選ぶこと。

SCORPIO

太陽星座が

蠍座

10/24 〜 11/22

仲間意識の強いあなたは、人とのつながりを何より重んじる人。優しい心の持ち主だけに、愛情が執着に変わることのないように。

AQUARIUS

太陽星座が

水瓶座

1/21 〜 2/18

謙遜しがちなあなたは、可能性を制限しないことが開運のポイント。私には無理と思えることも、意外に軽くできてしまうはず。

SAGITTARIUS

太陽星座が

射手座

11/23 〜 12/21

月星座蟹座の中では、とびきりオープンマインドなあなた。行動力と楽観的な性格が強み。現状に留まらないことが運を切り開くポイント。

PISCES

太陽星座が

魚座

2/19 〜 3/20

インスピレーションに恵まれる人。夢から情報を受け取るタイプなので、夢日記をつけてみては？　ペットを飼うのもラッキー。

月星座

獅子座

のあなた

人生という舞台を演じる
ドラマチックヒロイン

【あなたは何で引き寄せる?】

持ち前の明るさと華やかさで つねに注目を集める人

光り輝く太陽のような人――これが、月星座獅子座のあなた。そもそも、月という天体は光を持たない。太陽から照らし出されることではじめて輝くのね。

ところが、月星座獅子座の人は、自分の力だけで輝くことができる。というのも、獅子座のルーラー(支配星)は太陽だから。自分で自分に光を当てることができる――いるだけで注目されてしまう人なの。

あなたは、存在自体が光。自分自身はもちろん、まわりの人にパワーとモチベーションを与える、黄金の光――あなたは、存在そのものがすでに引力なのね。

公明正大で裏表がない。天性の明るさと寛大な心を持つ真のリーダー。それが、月を獅子座に持つあなた。

その引力は、「輝くために生まれてきた女性」であることを自覚することで、さらにパワーアップするのよ。

引力を
プラスにするもの
自己アピール
ジェスチャー

引力を
マイナスにするもの
虚栄心
過度な顕示欲

【ヒント① もっと愛されるために】

注目されて目立つことで、ラブチャンスがぐっと広がる

月が獅子座にあるあなたは、どんどん人前に出てほしい。というのも、注目されるほど、目立つほどベストパートナーを引き寄せやすくなるから。

たとえば、会議のときは積極的に意見を述べる。お稽古事をしているなら発表会には必ず出る。司会やスピーチをすすんで引き受ける——そんなふうに、自分をアピールできる場をみずから作ってほしいの。

「大勢の中でもひときわ目立つ」ことがラブチャンスにつながるので、パーティーやイベントにはぜひ参加して。とくに、結婚式や二次会はご縁の宝庫よ。

あなたの場合、遠慮や謙遜は不要。「私は女優よ」くらいの気持ちでいることね。お目当ての人がいたら、あなたから声をかけて OK。二人で人前に出て行けば、あなたのペースで関係が進んでいくわ。

引力をプラスにするもの
非日常
メイクドラマ

引力をマイナスにするもの
上から目線
プライド

【ヒント② 仕事で成功するために】

趣味や遊びを仕事にすることが成功の最短コース！

ビリオネアや成功者の共通点をご存じ？　それは彼らが、「仕事＝遊び」と捉えていること。仕事だからやってるんじゃない。好きだからやってるだけ——それが、彼らが持っている共通のスタンスなの。これはあなたにぜひ、見習ってほしいこと。

あなたには、成功するための条件がすべて揃っている。豊かな発想力と企画力。モチベーションが高く太っ腹で、リーダーシップも十分——そんなあなたがもし成功できないとすれば、それは今、「仕事が楽しい」と感じていないからに他ならないわ。

趣味を仕事にできる人は少ないけれど、あなたにはそれが許されてる。趣味を仕事にすることで、サクセス率がぐんと高まるのね。「これをやっているときが、最高に楽しい！」と感じることを仕事にしてしまえば、成功は即効で手に入るわ。

引力を
プラスにするもの
サービス精神
イベント

引力を
マイナスにするもの
ジェラシー
右へならえ

【ヒント③ リッチになるために】

感動体験や大胆な決断が リッチへのスイッチをONにする

遊びがお金につながるのが、月星座獅子座の特徴。楽しめば楽しむほどリッチになるという、恵まれた金運を持っているのね。

楽しみ方にもいろいろあるけど、あなたに相応しいのは「感動体験」を積むこと。とくに、舞台や芸術を通して感動とともに教養も積むと、あなた持ち前の発想力にエンジンがかかり、リッチ街道まっしぐら！

ラッキーがついて回る人なので、一か八かの決断がリッチへのスイッチを入れることも。もともとラッキーなあなただけど、ワンランク上のリッチを目指すなら、「大胆な決断」を心がけて。楽観的な決断は吉と出る可能性大。安全路線を選んだとたん、金運も低下するので注意して。

あなたの場合、多少お金がかかっても一流のもの、できる範囲で最高のものを選ぶこと。自分への投資がリッチへの道と心得て。

引力をプラスにするもの	引力をマイナスにするもの
オーディション	質素
セルフプロデュース	いつも通り

あなたが今、運がよくないと感じているとしたら、その原因は…

自分を表現できてない

あなたの中には、「自分を表現したい！」という魂の叫びがあるはず。それができないとエネルギーの流れが止まり、すべての運が滞ってしまうの。どんな形でもいいから「自分を表現できる場」を作ってみて。

楽しんでいない

あなたのパワーは、「楽しい！」という思いから生み出されるもの。子供は遊んでいるときがいちばん元気なように、あなたもまた、遊びがないとうまく生きられない。夢中になって楽しめる時間を意識的に作って。

目立たないようにしている

あなたは持って生まれたカリスマ性のある人。そんなあなたが目立たないようにすること自体、逆に不自然。目立つ自分を許してしまえば、エネルギーの流れはスムーズに。運もおのずと好転するはずよ。

月星座獅子座の
あなたに送るノウハウ集

セルフイメージを高めるマジカルフレーズ

- 「ヒロインは私！」

運を好転させる方法

- バッシングを恐れない
- 人の夢の実現に協力する
- 歌か楽器を習って発表会に出る

迷ったときは

- 自分が輝けるほうを選ぶ

軌道修正のサイン

- 立て続けに失敗をする
- 嫉妬を感じることが多くなる
- スケールの大きいことに挑戦したくなる

運命の出会いが近づいているときのサイン

- 表舞台に立ちたくなる
- パーティーや祝賀会へのお誘いが増える
- 「○○（有名人）に似てますね」と言われる

ソウルメイトを引き寄せる魔法

- 心拍数の上がる運動をする
- 背中にポイントのある服を着る
- おめでたい席でスピーチをする

COLUMN

月との「ツキあい方」

あなたには他の誰よりも、月星座を意識してほしい。というのも、太陽をルーラーとする獅子座に月がある場合、月が太陽にかき消されてしまう可能性があるのね。でも、あえて月を意識することで、月と太陽のバランスがとれる。持って生まれた強運に拍車がかかること間違いなし！　シルバーとゴールドの重ねづけがおすすめよ。

あなたの引力を高めてくれるもの

場所
PLACE

皇居、劇場
テーマパーク

ファッション
FASHION

大胆な柄のワンピース
シャネルスーツ

美容
BEAUTY

セレブの美容法を
取り入れる

メイク
MAKE-UP

はっきりした舞台風メイク
アイシャドウはラメ入りで

アイテム
ITEM

ゴールドの
イニシャルジュエリー

旅行
TRAVEL

世界遺産をめぐる旅

健康
HEALTH

ややハードな
エクササイズを取り入れる

ストレス解消法
STRESS

テーマパークで
思いっきり遊びまくる

月星座獅子座の男性との上手なつきあい方

「褒めて褒めて」が最高のアプローチ！

この男性を好きになったら、褒めて褒めて、褒めまくる！これが最高のアプローチ法よ。オレサマ系の彼はヒーロー願望が強く、プライドの高さも人一倍。そのプライドを満足させ、「オレってやっぱりスゴイよな」と思わせてあげることがカレを射止める最大のコツ。

いい意味で単純な人なので、複雑な読みは不要。見た目そのまま、感情表現もストレート。火花が散るような熱い恋を望んでいるので、あなたも感情をぶつけてみては？

月星座獅子座の男性は、華やかで目立つ女性が大好き。控えめで奥ゆかしいタイプ、可愛らしいタイプには目がいかない。オーラがあって、自信たっぷりの立ち居振る舞いをする人にそそられるのね。

そんな彼の関心を惹くには、しっかり目を見て、表情豊かに話すこと。服装もできるだけ華やかにね。

月と太陽の組み合わせでさらに詳しく

月星座獅子座×太陽星座

ARIES
太陽星座が
牡羊座
3/21~4/20

ピュアで無邪気なヒロイン――そんな表現がぴったりのあなた。自分の好きな道をひたすら突き進むこと！ それが許されているのだから。

TAURUS
太陽星座が
牡牛座
4/21 ~ 5/21

元来の女らしさと華やかなオーラが相まって、あらゆる人を魅了するあなた。外野の声に惑わされず、あなたの価値観を貫き通すこと。

GEMINI
太陽星座が
双子座
5/22 ~ 6/21

豊かな表現力と茶目っ気たっぷりの話しぶり、大振りなジェスチャーで人気をさらう人。空気を読める人なので周囲からも高評価。

CANCER
太陽星座が
蟹座
6/22 ~ 7/22

休日は仲間と一緒にワイワイガヤガヤ。和の中心にいることが誰より似合うあなた。グループ旅行や楽しいイベントを企画してみては？

LEO
太陽星座が
獅子座
7/23 ~ 8/22

根っからの目立ちたがりなのに、それが嫌味に映らないのは、誰もがあなたの魅力を知っているから。自信ある振る舞いが成功のカギ。

VIRGO
太陽星座が
乙女座
8/23 ~ 9/23

もともと生真面目なあなたは、遊ぶことに罪悪感を持たないことが大事。自分自身がハッピーでいてこそ、みんなの役に立てるのだから。

※占星術では「ホロスコープ」を使って、太陽・月・惑星などの10個の天体の位置をマッピングし、鑑定師が長い時間をかけて鑑定。したがって、生まれた月日だけでなく、生まれ年、生まれた時刻、生まれた場所の座標などが必要になります。現在、一般的な「太陽星座占い」はそれを誕生日だけで簡単に占えるように簡略化したもの。

LIBRA

太陽星座が

天秤座

9/24 ～ 10/23

つねに恋をしていることが必要なあなた。でも、つきあう相手に気をつけて。ハイクラスな場所でドラマチックな恋の香りが……。

CAPRICORN

太陽星座が

山羊座

12/22 ～ 1/20

表に見せている顔と素顔のあなたはまるっきり別人。なんらかの形で自己表現できる場がMUST。眠っている芸術的センスをうまく使って。

SCORPIO

太陽星座が

蠍座

10/24 ～ 11/22

（女王というより）王者の風格を漂わせるあなたは、稀にみる存在感を放つ人。近づき難いと思う男性も多いので、つねに笑顔を忘れずに。

AQUARIUS

太陽星座が

水瓶座

1/21 ～ 2/18

独特の華やぎと個性を湛えたあなたは、人目をひく存在。シャープで現代的な雰囲気が異性に人気。ハイクラスの男性を狙って。

SAGITTARIUS

太陽星座が

射手座

11/23 ～ 12/21

あなたはイベントに欠かせない存在。いつもリーダーに祭り上げられてしまうのでは？　仕切り上手になれば評価もウナギ登りに。

PISCES

太陽星座が

魚座

2/19 ～ 3/20

いっけん頼りないように見えて、一本筋の通ったあなた。状況を見すぎるとベストタイミングを失ってしまうので、即断即決をポリシーに。

月星座

乙女座

のあなた

清楚で品のある
パーフェクトな淑女

【あなたは何で引き寄せる？】

日本人の美徳を兼ね備えた、
一目も二目も置かれる存在！

あなたをよく思わない人など、滅多にいないのではないかしら？　謙虚さを美徳とする日本という国で、あなたはとりわけ好印象を残す人。

月星座が乙女座のあなたは、一言でいえば「きちんとした人」。謙虚で控えめ。知的で上品。しゃしゃり出ることはけっしてないのに、周りから一目も二目も置かれてる。「彼女がいないと困るんだよなあ……」そう言われるのが、月星座が乙女座のあなた。

あなたの引力は、けっしてぶれることないその人間性。知性と教養の高さもさることながら、人の話に真摯に耳を傾け、相手が必要としているものを本能的に理解し、自分を後回しにしてでも責任を果たす。

非の打ちどころのない完璧な女性——それが、月星座乙女座の人。あなたはまさに、社会人の鑑のような人なのよ。

引力をプラスにするもの
清潔感
礼儀正しさ

引力をマイナスにするもの
融通がきかない
ネガティブチェック

【ヒント① もっと愛されるために】

ハイグレードなパートナーとの縁は スキルアップがポイント

「乙女」のイメージ通り、初々しい清楚さが魅力のあなた。図書館や大学のキャンパスといったアカデミックな雰囲気がバツグンに似合う人よね。

すべにおいて完璧主義のあなたは、求める男性もハイグレード。まだ青いレベルの男性では、きっと物足りないのでは？　実際、あなたは年上の男性から人気バツグンだし、そういう人達からのアプローチも多いはず。

あなたの場合、自分でイニシアティブをとるタイプではないので、安心して身を任せられる人がベスト。ポイントは「知性」に磨きをかけることね。

すでに十分知的なあなただけれど、向上心を忘れずつねに何かを学んでいると、そこからベストパートナーとの出会いにつながる暗示が。研究会、セミナー会場といった「スキルアップ」に関わる場で、いいご縁が生まれそうよ。

引力を
プラスにするもの
ひたむきさ
許す心

引力を
マイナスにするもの
警戒心
神経質

【ヒント② 仕事で成功するために】

組織の中でサポート役に徹することが あなたのサクセスストーリー

あなたは、組織の中にいてこそ光る人。というのも、人をサポートするのがバツグンに上手だから。上の立場の人がいたほうが、あなたのよさが際立つのね。当然、上司や目上の人からのウケはバツグン！

自力で成功をつかむより、サポート役として頭角を現し、やがてトップの補佐役として確固たる地位を与えられる——それが、月星座乙女座の人のサクセスストーリー。

自分で仕事を作り出すより、与えられたことを完璧にこなすのがあなたの持ち味。どんな仕事を与えられても迅速かつ丁寧、時間内に完璧に仕上げる能力の高さは、誰もが認めるところでは？

ただし、トップに立ってしまうと、責任感とプレッシャーからあなたの引力が低下してしまう恐れが。サポート役に徹するのが賢明よ。

引力を
プラスにするもの
スキルアップ
横とのつながり

引力を
マイナスにするもの
批判
プレッシャー

♍

【ヒント③ リッチになるために】

無意味から生まれる豊かさで、現実派から脱却を

月が乙女座にあるあなたは、根っからの現実派。「実用的かどうか」を第一に考え、無駄遣いはしないタイプよね。でも、その現実的な性格が、リッチになる道を阻んでいるとしたらどうかしら？

あなたの場合、働くことが好きな上に実務能力も高いので、生活に困ることはないはず。日々暮らしていく分には十分だと思うの。

ただし、リッチというレベルまで行きたいなら、多少意識改革が必要ね。というのも、豊かさのエネルギーって、「無意味なもの」から生まれることが多いから。

無駄な出費には抵抗を覚えるかもしれないけど、ひたすら何もしない時間を過ごす、部屋の中をバラで埋め尽くす……そんな「贅沢」を体験してみて。そこで意識改革が起こってはじめて、リッチへの扉が開かれるのよ。

引力をプラスにするもの	引力をマイナスにするもの
バカンス	将来への不安
冒険	守りの姿勢

あなたが今、運がよくないと感じているとしたら、その原因は…

生活サイクルが不規則になっている

デリケートなあなたは、生活が不規則になると体調を崩しがち。体調が運に直結するタイプなので、規則正しい生活はMUST。早寝早起きを心掛けるだけでも運は好転するはず。

トップに立たされる

月星座乙女座は、補佐的立場で最高の強みを発揮する人。リーダー役を任されたり、「好きなようにやりなさい」などとイニシアティブを与えられたりすると、どうしていいかわからなくなることも。アシスタント役に回るのがベター。

雑然とした環境にいる

12星座一デリケートなあなたは汚れた空気や埃に敏感で、なかにはアレルギーを起こす人も。家の中や職場の掃除が行き届いてないと、運が低下してしまうので要注意。住まいは掃除とともに、お香での浄化を定期的に。

月星座乙女座の
あなたに送るノウハウ集

セルフイメージを高めるマジカルフレーズ

- 「私はカンペキ！」

運を好転させる方法

- 部下や後輩を育成する
- スキルをブラッシュアップする
- あえて「何もしない時間」を持つ

迷ったときは

- 人の役に立てるほうを選ぶ

軌道修正のサイン

- 食べ物にあたる
- 仕事で凡ミスが続く
- 体調の優れない日が続く

運命の出会いが近づいているときのサイン

- 身体を鍛えたくなる
- 顔色がワントーン明るくなる
- 苦手だった食べ物が好きになる

ソウルメイトを引き寄せる魔法

- 無駄な保険を解約する
- ヘアスタイル（カラー）を変える
- アウトドアスポーツにチャレンジする

Column

月との「ツキあい方」

月の動きが胃腸に影響するあなた。もともとデリケートな体質なので、月のパワーが強まる新月や満月前後は、胃の調子が悪くなることも多いのでは？　そんなあなたには、新月の前日、夕食を抜くのがおすすめ。粗塩をひとつまみ入れたミネラルウォーターを飲むことで、胃が軽くなるのがわかるはず。満月の晩はスムージーを。

あなたの引力を高めてくれるもの

場所
PLACE

スパ、健康ランド
オーガニックレストラン

ファッション
FASHION

白襟のワンピース
ボウタイ付きのブラウス

美容
BEAUTY

ハーバルオイルで
お腹まわりをマッサージ

メイク
MAKE-UP

素肌の美しさを強調
ほんのりチークを忘れずに

アイテム
ITEM

白いレースのハンカチ

旅行
TRAVEL

ヨガ+断食プログラムの
デトックスツアー

健康
HEALTH

グリーンスムージーは
体質的にピッタリ

ストレス解消法
STRESS

森林浴を兼ねて
バードウォッチング

月星座乙女座の男性との上手なつきあい方

彼の好みに近づくことが絶対条件

月星座乙女座の男性は、女性を見る目がいたくシビア。「知的で上品、清楚で控えめ、スリムで色白」……とまあ、好みがかなりハッキリしていて、揺るぐことがない。

本気で彼を射止めたいなら、この条件にあなたが近づく必要があるわね。服装や身だしなみを何気にチェックしているほか、時間と約束を守らない女性はNG。「良識ある社会人かどうか」を気にする人なの。

外見でこだわるのは、髪の艶やかさと肌の美しさ。濃いメイクを嫌う人なので、ナチュラルメイクにピンクのリップで勝負。素肌のキレイな人には無条件に惹かれるみたい。

質素で堅実な彼は、女性にも同様のものを求める人。「空気みたいな存在」と思われたら勝ちよ。

月と太陽の組み合わせでさらに詳しく

月星座乙女座×太陽星座

ARIES

太陽星座が

牡羊座

3/21~4/20

慎重で几帳面な部分とせっかちで潔い部分を併せ持つあなた。その時々でこの両面がうまく折り合えば、大きな成功を手にするのも可能。

CANCER

太陽星座が

蟹座

6/22 ～ 7/22

人間味あふれる誠実なあなたは、駆け引きのないピュアな思いで人の心を揺さぶる人。上司や年上の男性が信頼できるサポーターに。

TAURUS

太陽星座が

牡牛座

4/21 ～ 5/21

緻密な計算のもと、目標に向かって確実かつ着実にコマを進めるあなた。そこに思い切りのよさが加われば、向かうところもはや敵なし。

LEO

太陽星座が

獅子座

7/23 ～ 8/22

やりたいと思ったことを着実に実行に移す、有言実行の人。綿密な計画性と確かな実行力があなたの持ち味。ワンランク上の目標設定を！

GEMINI

太陽星座が

双子座

5/22 ～ 6/21

どんな状況にも臨機応変に立ち回る、驚くべき柔軟性と適応力。機転の速さとソツのなさはピカイチ。恋愛が人間力アップの起爆剤に。

VIRGO

太陽星座が

乙女座

8/23 ～ 9/23

あらゆる能力に恵まれているあなた。ルールにこだわらず自由な発想ができれば可能性がさらに拡大。絵画やダンスで表現力を身につけて。

※占星術では「ホロスコープ」を使って、太陽・月・惑星などの10個の天体の位置をマッピングし、鑑定師が長い時間をかけて鑑定。したがって、生まれた月日だけでなく、生まれ年、生まれた時刻、生まれた場所の座標などが必要になります。現在、一般的な「太陽星座占い」はそれを誕生日だけで簡単に占えるように簡略化したもの。

LIBRA
太陽星座が
天秤座
9/24 ～ 10/23

乙女座の細やかさと天秤座の優雅さを持ち合わせたあなたは、あらゆるシーンで高評価。神経質なところを克服すればさらなるチャンスが。

CAPRICORN
太陽星座が
山羊座
12/22 ～ 1/20

あなたほど仕事ができる人も珍しいのでは？　取りつく島もない冷静沈着なあなただけど、ふと垣間見せるキュートな笑顔が強力な武器。

SCORPIO
太陽星座が
蠍座
10/24 ～ 11/22

何事にも全力で取り組む、努力家のあなた。根を詰めすぎてストレスがかからないよう、適度な息抜きが必要。緩急バランスを工夫して。

AQUARIUS
太陽星座が
水瓶座
1/21 ～ 2/18

合理性を重んじるロジカルなあなたには、知的美人という言葉がぴったり。お料理やテーブルセッティングを学ぶことで生活に潤いが。

SAGITTARIUS
太陽星座が
射手座
11/23 ～ 12/21

大胆かつ繊細なあなたは、燃えたぎる情熱を胸に秘めた人。多少強引なアプローチをしてくる人の中に恋の相手が。冷静すぎない判断を。

PISCES
太陽星座が
魚座
2/19 ～ 3/20

理想と現実のはざまで揺れるあなたは、根っからのロマンチスト。芸術的な趣味を持つことで、インスピレーションに磨きがかかりそう。

月星座

天秤座

のあなた

人と交わって華開く
エレガントなプリンセス

【あなたは何で引き寄せる?】

バランス力と社交性で 女性が望むものをすべて手中に！

女性に生まれたことでいちばんトクをしているのは、きっとあなたではないかしら？　月星座天秤座のあなたは、およそ女性が「欲しい」と思うものをすべて持っている人。
「え～そんなことないわ」と思ったとしたら、気づいてないだけ。でなければ、女性としての努力不足。そのどちらかよ。

天秤座のルーラー（支配星）は「愛・美・富」を司る金星。月が天秤座にある人は、その恩恵をすべて与えられているのね。なかでも、人間関係におけるバランス力と社交性はピカイチ！　そのソツのない社交性こそが、あなたに与えられたおおいなる引力。
人生の土台が人間関係であることを考えれば、あなたにはすでに幸せが約束されたようなもの。天秤座の月のもとに生まれたこと自体、人生最大の宝物なのよ。

引力を
プラスにするもの
マナーのよさ
気品

引力を
マイナスにするもの
人と比べる
自信過剰

【ヒント① もっと愛されるために】

愛するより「愛される」。
モテすぎと優柔不断さに注意！

12星座の中でもダントツの人気運を誇るのが、月星座天秤座のあなた。あなたは、愛するより「愛される人」。女性として、これ以上の幸せはないのではないかしら？

天秤座というサイン自体、「結婚」と「パートナー」を支配するので、男女関係にはもともと恵まれているのね。

ただ居るだけで異性を引き寄せるその引力は、まさに天からのギフト。その気にさえなれば、ボーイフレンド候補はいくらでも。とくに策を講じなくても、天秤座の月の引力ですんなり幸せを手中にするはずよ。

ただ、そのモテっぷりと優柔不断さが災いして、ちょっとしたトラブルを招くことも。相手にイヤな思いをさせたくないと思うあまり、八方美人になるのはNG。本命の彼に誤解されないよう、意思表示は明確に。

引力を
プラスにするもの
紹介
約束を守る

引力を
マイナスにするもの
理想化
三角関係

【ヒント② 仕事で成功するために】

社交性を活かした
オシャレなワーキングスタイルを

あなたの引力は「対・人」にバツグンの威力を発揮する。企業の顔としてあらゆる人に対応する宣伝・広報などは、あなたの社交性を最も活かしやすい仕事のひとつね。

あなたの場合、ファッショナブルな要素はMUST。コスメやファッション関係はあなた自身、楽しみながら仕事に取り組めるはず。

「結婚」「男女」がテーマの仕事も、あなたの引力を活かせる分野。なかでもウェディング関係は、エレガントなあなたにベストマッチ。

あなたにとっていちばん重要なのは、「ビジュアル的に美しい仕事」であること。その意味では、仕事内容そのものよりも働いているときのイメージで選ぶのが正解。その仕事をしている自分の姿をイメージして、「絵になる」ようだったらチャレンジする価値あり。モチベーションが上がり、あなたの引力も活きてくるわ。

引力を
プラスにするもの
パイプ役
コーディネート

引力を
マイナスにするもの
地味
下積み

【ヒント③ リッチになるために】

社交性を活かすことが
リッチへの最短距離。玉の輿運も！

愛と豊かさをもたらす星・金星（英語名ヴィーナス）。ヴィーナスに守られているあなたにとって、リッチになるのはさほど難しいことじゃないわ。

もともと人気運バツグンなので、必要なときは、苦労なくしてスポンサーが見つかるタイプ。あなたの引力である社交性と人づきあいの上手さを活かすことが、リッチへの最短距離よ。

玉の輿運があるのも、月星座天秤座の特徴。あなたはリッチな男性に「連れて歩きたい」と思わせるタイプなのね。実際、あなたのノーブルな美しさと優雅な立ち居振る舞いに、目が釘付けになる男性も多いはず。

美しさとマナーに磨きをかければ、パートナーを通して極上リッチになる可能性も十分。そのためには、ふだんから一流の場所に出入りし、どんな場所でも気おくれしない度胸を養うことよ。

引力を
プラスにするもの
ラグジュアリー
美しさを磨く

引力を
マイナスにするもの
贅沢しすぎ
見栄っぱり

あなたが今、運がよくないと感じているとしたら、その原因は…

人の集まる場に行っていない

華やかな場が大好きな、月星座天秤座のあなた。結婚式やパーティーなどでオシャレな会話を楽しむのが生きがいなのでは？　運に見放されているような気がしたら、人の集まる場所に積極的に顔を出して。

オシャレをしていない

月星座天秤座の女性は、人に見られてナンボ。オシャレをして美しくいてこそ、あなたの価値があるというもの。どうでもいいような恰好をしていると、運が確実に低下してくるから注意して。

人間関係がうまくいっていない

あなたにとって、争いや衝突はなんとしても避けたいことのひとつ。誰かとぎくしゃくしてきたとたん、笑顔が消えて仕事にも身が入らなくなっちゃうの。あなたの場合、運が低下してきたらまず、人間関係をチェックすること。

月星座天秤座の
あなたに送るノウハウ集

セルフイメージを高めるマジカルフレーズ

●「私は超人気者♪」

運を好転させる方法

- 本気で仕事に打ち込む
- 一人でレストランに行く
- なんでもその場で決断する

迷ったときは

●自分が美しくなれるほうを選ぶ

軌道修正のサイン

- 失恋する
- 体重が増える
- 誤解されることが多くなる

運命の出会いが近づいているときのサイン

- 初めての色を身につけたくなる
- 男性を紹介されることが多くなる
- 「最近キレイになったね」と言われる

ソウルメイトを引き寄せる魔法

- 白いハイヒールを履く
- ハイソな場所に出入りする
- 結婚式やパーティーでスピーチをする

COLUMN

月との「ツキあい方」

あなたにとって、満月は最高のアピールデー。満月のタイミングは、あなたの引力が最高潮に達するときなのね。そんな日に一人で過ごすのはもったいない！　前もって誰と会うか、どこに行くかを決めて、その日に向けて美しさに磨きをかける――そんなサイクルで1か月を過ごしてみて。新月の日はじっくり読書を。

あなたの引力を高めてくれるもの

場所
PLACE

セレクトショップ
ギャラリー内のカフェ

ファッション
FASHION

お嬢様風のワンピース
ヘムラインのスカート

美容
BEAUTY

ビューティーカウンターで
メイクレッスンを受ける

メイク
MAKE-UP

女らしい華やかなメイク
髪の毛はハーフアップに

アイテム
ITEM

ローズ系のフレグランス

旅行
TRAVEL

エステ&ショッピング
三昧の女子ツアー

健康
HEALTH

電車の中で吊革に
つかまってつま先立ち

ストレス解消法
STRESS

ホテル最上階にある
スパで高級エステを堪能

月星座天秤座の男性との上手なつきあい方

センスを磨いて、洗練された女性に！

月星座天秤座の彼は、12星座イチのモテ男。ガツガツしなくても、女性が向こうから寄ってくるタイプなの。

爽やかで話しかけやすい雰囲気に加え、歯の浮くようなセリフを平気で口にする――女性をその気にさせるのが上手なのね。

とはいえ、その実しっかり女性を値踏みしているのが、月星座天秤座の特徴。彼がチェックしているのは、自分に釣り合うかどうか。自分の好みより傍から見てどうかを気にするので、「二人って超お似合い！　絵になるわ～」なんて言われたら、一気に心を決める可能性大。洗練されたエレガントな女性、センスのよさがきらりと光る女性なら、彼にとっても不足はないはず。

ただし、気持ちをぶつけてこられると、どうしていいかわからなくなる人なので、感情表現はほどほどに。ジェラシーもご法度よ。

月と太陽の組み合わせでさらに詳しく

月星座天秤座×太陽星座

ARIES ♈

太陽星座が

牡羊座

3/21~4/20

男性からの影響をふつう以上に受けるあなたは、つきあう相手が殊のほか重要。外見より人格と中身重視で、誠実な男性を選ぶべき。

CANCER ♋

太陽星座が

蟹座

6/22 ～ 7/22

細やかな心配りと社交性を持つあなたは、人と人を結びつける天性のコーディネーター。仲介やマネジメント役で最高の力を発揮する人。

TAURUS ♉

太陽星座が

牡牛座

4/21 ～ 5/21

オシャレで美しいものが大好きなあなた。働かないでのんびり暮らすのが理想なのでは？　優雅な所作を身に着けることで幸せをゲット。

LEO ♌

太陽星座が

獅子座

7/23 ～ 8/22

ゲーム感覚で恋を楽しむあなたは、恋愛の達人。お姫様のように扱ってくれる男性と好相性。結婚式などおめでたいシーンで運命の出会いが。

GEMINI ♊

太陽星座が

双子座

5/22 ～ 6/21

ウィットに富んだおしゃべりとエレガントな仕草で、男性を魅了するあなた。爽やかなおつきあいの中にも、一歩踏み込む勇気が必要。

VIRGO ♍

太陽星座が

乙女座

8/23 ～ 9/23

華やかな雰囲気ながらも、一歩引くことを知っているあなた。見た目以上に堅実で信頼度もバツグン。持ち前の社交性をもっと発揮すべき。

※占星術では「ホロスコープ」を使って、太陽・月・惑星などの10個の天体の位置をマッピングし、鑑定師が長い時間をかけて鑑定。したがって、生まれた月日だけでなく、生まれ年、生まれた時刻、生まれた場所の座標などが必要になります。現在、一般的な「太陽星座占い」はそれを誕生日だけで簡単に占えるように簡略化したもの。

LIBRA
太陽星座が
天秤座
9/24 〜 10/23

人との摩擦を嫌い、調和を重んじるあなた。その見事なまでの調停能力は、天性のもの。あなたがいるだけで、周りはいつもハッピーに。

CAPRICORN
太陽星座が
山羊座
12/22 〜 1/20

いっけん生真面目そうに見えて、超フレキシブルなあなた。爽やかな人柄を慕う人も多いはず。優柔不断でチャンスを逃さないよう注意。

SCORPIO
太陽星座が
蠍座
10/24 〜 11/22

押しの強さがありながらも、その引き際は完璧。落ち着いた物腰の中にスマートさを感じさせるあなたは、知れば知るほど魅力的な人。

AQUARIUS
太陽星座が
水瓶座
1/21 〜 2/18

チャーミングで話しかけやすいあなたは、男性からの人気もバツグン！　友達から恋人への移行は、自然の流れに任せるのがベター。

SAGITTARIUS
太陽星座が
射手座
11/23 〜 12/21

こだわりのない恋愛で人間の幅を広げていくあなたは、恋をするたびにランクアップする人。行動範囲を広げれば出会いのチャンスが。

PISCES
太陽星座が
魚座
2/19 〜 3/20

とてつもなく魅力的な女性だけれど、優柔不断が弱点。利用されていると感じたらきっぱりとサヨナラを。ケジメをつけることが大事。

月星座

蠍座

のあなた

ミステリアスな魅力で
すべてを手にする陰の実力者

♏

【あなたは何で引き寄せる?】

集中力が最大の武器。自分は何が欲しいのかを明確に

「引力」という言葉が、あなたほど似合う人も珍しい。いえ、引力というより磁力というべきかしら。砂の中で虎視眈々と獲物を狙い、チャンスとみたら一瞬にしてモノにする——その「集中力」こそが、あなたの引力。

とはいえ、この引力はなんにでも発動するわけじゃない。心底欲しいものに対してしかONにならないのね。つまりあなたは、「何が欲しいか」を明確にする必要があるってこと。

サソリの集中力が、獲物がないと作動しないように、あなたの引力も、目標がないと発動しない。「狙ったものを確実に落とす」——これは、月星座蠍座にのみ与えられた特権ともいうべきもの。

ふつうに考えたら「100%ムリ」と思えることも、あなたが本気で狙うなら可能になる。あなたには、それほどの引力が与えられているのよ。

引力をプラスにするもの	引力をマイナスにするもの
真実を見抜く目	猜疑心
オープンマインド	無口

【ヒント① もっと愛されるために】

「この人しかない！」と決めつけず、適切な距離感をキープ

月星座蠍座のあなたにとって、いちばんのネックになるのが男女関係。これは、男運がないということでは決してなく、注意を要するということ。

というのも、あなた持ち前の強烈な集中力が一人の男性に注がれた場合、相手が息苦しくなってしまう可能性があるからなの。

あなたにとって大切なのは、適切な距離感を覚えること。相手にスペースを与えることなのね。そして、「この人しかいない」と決めつけないことが大事。狙ったものを確実に落とす力があるとはいえ、恋愛に関してはむしろ、狙うのはやめたほうがいいかもしれないわ。

あなたの場合、「必ずしもタイプじゃないけど、好感がもてる人」と相性バツグン。その中に「大物」や「実力者」がいるはずだから、その人と適度な距離感を保ちつつ、穏やかなおつきあいをするのがベストよ。

引力をプラスにするもの
セクシーさ
視線

引力をマイナスにするもの
干渉
修羅場

【ヒント② 仕事で成功するために】

人から受け継いだものを
発展させるサクセスストーリー

月星座蠍座のあなたは、一風変わった相続運を持つのが特徴。相続するものはお金とは限らない。仕事や知識、ノウハウといったものも立派な相続よ。

あなたの場合、そういう「人から受け継いだもの」がビッグサクセスにつながる可能性大。自分で何かをゼロからつくり上げるより、すでにあるものをあなた流にアレンジして発展させる——そんな形が、あなたに用意されたサクセスストーリー。家業を継ぐのも成功への近道になるわ。

「口伝」「一子相伝」といわれるものに縁があるのも、月星座蠍座の特徴。肉親はもちろん、上司や師匠から受け継いだものを、大事に育てていくことが成功のカギと心得て。

不動産関連の資格を取っておけば、意外なときにビッグチャンスが舞い込む暗示。

引力をプラスにするもの
裏方
奥儀を極める

引力をマイナスにするもの
流れ作業
転々とする

【ヒント③ リッチになるために】

不労所得運あり。本業以外に、サイドビジネスを持って

月星座蠍座のあなたは、本業よりもサイドビジネスで利益を得るタイプ。会社勤めをしながら副業で不動産経営……といったスタイルがベスト。

不労所得運があり、なかでも不動産との相性はバツグン。将来値上がりする物件が本能的にわかる人なので、いずれ莫大な利益を手にすることも可能。チマチマ稼ぐより、数少ない投資で大きなリターンを狙うほうがベターよ。

相続運があるので、親や先祖から受け継いだものを大切にすることが大事。先祖から受け継いだものに思わぬ値がついた……なんていう棚ボタがあるのも、月星座蠍座ならでは。

もうひとつ、あなたにおすすめなのが、「著作権」「ロイヤリティ」を持つこと。デザイン、楽曲、著作、メソッドなど、あなた独自のものを今のうちにつくっておくと、将来不労所得を生む可能性大よ。

引力をプラスにするもの
創始者
付加価値

引力をマイナスにするもの
出し惜しみ
コピー

あなたが今、運がよくないと感じているとしたら、その原因は…

一人になる時間がない

砂漠のサソリが砂の中に潜んでいるように、月星座蠍座の人にも「潜む時間」が必要。あなたの並外れた精神力は、一人静かに集中することによって生まれるものなのね。運が低下してきたら、一人になる時間を意識して作ること。

信じられる人がいない

あなたにとって、信じられる人がいるかどうかは人生をも左右する。というのも、あなたは信じる気持ちがパワーになる人だから。信じられる人がもし周りにいないなら、哲学や賢者の教え、宇宙の法則を信じてみて。

没頭するものがない

蠍座の強みは、その集中力。何かひとつのことに集中的にエネルギーを注ぐ——つまり没頭することで、その集中力をさらに高めていくのが蠍座のやり方なのね。その対象が見つからないなら、資格取得にチャレンジしてみては？

月星座蠍座の
あなたに送るノウハウ集

セルフイメージを高めるマジカルフレーズ

● 「私のパワーは無限大！」

運を好転させる方法

● 幹事役をかってでる
● 朝、ジョギングをする
● 苦手なことにあえてチャレンジする

迷ったときは

● 本気で打ち込めるほうを選ぶ

軌道修正のサイン

● 人やモノによくぶつかる
● 行った店が閉まっている
● つまずいたり、転んだりする

運命の出会いが近づいているときのサイン

- デジャビュが多くなる
- 明るい服が着たくなる
- 人に秘密を打ち明けたくなる

ソウルメイトを引き寄せる魔法

- 額にハイライトをひとはけ
- 目尻にだけつけ睫毛をつける
- 火曜日に赤いランジェリーを身につける

COLUMN

月との「ツキあい方」

あなたが月の影響をとくに強く実感するのは、生理周期ではないかしら？　新月か満月前後に生理がくるなら、あなたと月がつながっている証拠。生理周期が不規則な人は、「子宮挟みうちマッサージ」（おヘソ周りとその背中側を両手で同時に挟んで、円を描いてマッサージすること）を、ぜひお試しあれ。

あなたの引力を高めてくれるもの

場所
PLACE

滝のある場所
リニューアルしたビル

ファッション
FASHION

黒いタートルネック
ボディフィットのワンピース

美容
BEAUTY

毎日のザクロジュースを習慣に

メイク
MAKE-UP

神秘的なスモーキーメイク
黒髪の美しさを強調

アイテム
ITEM

スネーク柄のクラッチバッグ

旅行
TRAVEL

秘境の地へ、魂を癒やすリセットツアー

健康
HEALTH

酵素風呂で心身ともにデトックス

ストレス解消法
STRESS

精油を買い込んでオリジナルブレンドを楽しむ

月星座蠍座の男性との上手なつきあい方

彼を理解できる、ソウルメイトを目指して

「女には興味ないんだけど」的な雰囲気を放つ、月星座が蠍座の彼。ある意味、これは真実。彼が求めているのは可愛い恋人でも、一緒に楽しく過ごす相手でもない。魂同士の結びつきなのね。

女性と軽々しくつきあうタイプではないので、彼女いない歴が長い人も。月を蠍座に持つ男性をたとえていうなら、海より深い感情の持ち主。家族や親友ですら彼の心をなかなか読めないし、あなたに対しても、思いをあけすけに語ることはまずないと思うの。

無意識レベルでずっとソウルメイトを求めている人なので、外見や表面的な要素で恋人を選ぶことは皆無。彼が心揺さぶられるのは、不思議なご縁を感じたとき。そして、言葉がなくても心が通じ合うのを実感したとき。

「安心して。私はあなたを理解できるわ」——これが彼への殺し文句よ。

月と太陽の組み合わせでさらに詳しく

月星座蠍座×太陽星座

ARIES

太陽星座が

牡羊座

3/21~4/20

表向きの明るさは、深い情念を隠すための仮面。よくも悪くもアツイあなたは、燃え尽きてしまわないよう、力加減をコントロールして。

CANCER

太陽星座が

蟹座

6/22 ～ 7/22

義理人情を重んじるあなたは、心の通い合いを大事にする人。強力なサポーターと仲間に恵まれ、一歩一歩理想に近づいていく運の持ち主。

TAURUS

太陽星座が

牡牛座

4/21 ～ 5/21

裏を読みすぎると泥沼にはまってしまう危険性が。物事は、あなたが思うよりずっとシンプル。あなたに必要なのは、相手を信じる素直さ。

LEO

太陽星座が

獅子座

7/23 ～ 8/22

圧倒的な存在感を放つ、真の実力者。不屈の精神の持ち主だけに、人に厳しい一面も。弱い人を認める心があれば、より魅力が際立つはず。

GEMINI

太陽星座が

双子座

5/22 ～ 6/21

軽快なフットワークと真実を見抜く目が相まって、飛び抜けた情報収集能力を持つあなた。仕事に活かせれば独自の地位を確立できるはず。

VIRGO

太陽星座が

乙女座

8/23 ～ 9/23

責任感が強いあなたは、必要以上に自分を責めてしまいがち。もう少し甘くてもよいのでは？ 規則正しい生活と十分な睡眠が運気アップに。

※占星術では「ホロスコープ」を使って、太陽・月・惑星などの10個の天体の位置をマッピングし、鑑定師が長い時間をかけて鑑定。したがって、生まれた月日だけでなく、生まれ年、生まれた時刻、生まれた場所の座標などが必要になります。現在、一般的な「太陽星座占い」はそれを誕生日だけで簡単に占えるように簡略化したもの。

LIBRA

太陽星座が
天秤座
9/24 〜 10/23

ストイックなあなたには、ときにご褒美が必要。月に1回、贅沢なディナーを楽しんでみては？　ドレスアップで女らしさに磨きをかけて。

CAPRICORN

太陽星座が
山羊座
12/22 〜 1/20

「極力目立ちたくない」というあなただけれど、ときに表舞台に立つ勇気も必要。能力をしっかりアピールすれば、運は急上昇するはず。

SCORPIO

太陽星座が
蠍座
10/24 〜 11/22

優しく辛抱強いあなたは、知らず知らずのうちに感情を溜め込む傾向が。メンタル強化のためにも、定期的にガス抜きの機会をつくること。

AQUARIUS

太陽星座が
水瓶座
1/21 〜 2/18

人一倍、こだわりの強いあなた。もう少し柔軟に対処すればあらゆる物事がスムーズに。情報通の友人がピンチを救ってくれる暗示。

SAGITTARIUS

太陽星座が
射手座
11/23 〜 12/21

「学び」が人生を大きく変える暗示。資格取得はもちろん、興味あることはどんどん学ぶこと。大学の社会人講座等を上手に利用して。

PISCES

太陽星座が
魚座
2/19 〜 3/20

あなたの直感はサイキックレベル。見えない世界とつながれるあなたは、不思議体験も多いのでは？　鋭い感性を芸術に活かすのがベスト。

月星座

射手座

のあなた

世界を駆け巡る
エネルギッシュなコスモポリタン

【あなたは何で引き寄せる?】

根っからのポジティブさで不幸を寄せつけない！

月星座射手座のあなたは、一言でいえば「楽天家」。何があってもクヨクヨせず、過去を振り返ることなく、つねに明るい未来をイメージしながら突き進む――このポジティブさこそが、あなたの引力なのね。

射手座のルーラー（支配星）はラッキースター・木星。この大吉星に守られたあなたに、大きな不幸が訪れることは稀。逆に、棚ボタや「めちゃラッキー♪」とニンマリすることのほうが多いのでは？

寛大で太っ腹のあなたは、「自分と違うもの」を受け入れるのが容易。海外との縁も深く、未知の世界に対する憧れも強いはず。

木星から授かったあなたの引力は、より広い世界でこそ活かされるべき。無限の可能性を国内に限定するのはもったいない！　世界を視野に入れて人生を考えてみては？

引力をプラスにするもの

広く浅く
何でもアリ

引力をマイナスにするもの

近視眼的
無謀さ

【ヒント① もっと愛されるために】

知性と教養を高めて、最高のパートナーを引き寄せる

無意味な駆け引きをせず、フランクに気持ちを伝えるあなた。月を射手座に持つあなたは交友関係が広く、男性と知り合う機会も多いはず。ただ、恋人というより友達として見られる傾向が……。

そんなあなたがパートナーと巡り合うためには、知性と教養を高めることがポイント。

月星座射手座の女性はいっけん肉食系に見えるけど、じつは知性で引き寄せるタイプ。政治や世界情勢までも語れる知識を身につけておくことが、最高のパートナーを引き寄せるポイントよ。

あなたは基本的に、追いかけられるより追いかけたい人。それがあなたのよさでもあるけれど、男女関係においてはNG。追いかけるのはオトコの役割なのだから。

外国との縁が深いので、外国人と結ばれる可能性も。

引力をプラスにするもの
一人旅
アウトドア

引力をマイナスにするもの
マンネリ
男まさり

【ヒント② 仕事で成功するために】

現状に満足しないチャレンジ精神で、もっとも成功に近い人になる

あなたにとって、成功はもっとも手に入れたいもののひとつなのでは？　人によっては、恋愛や結婚より成功のほうに魅力を感じてるかもしれないわね。

それは、お金のためでもなく、地位や名誉のためでもない。あなたはただ、目標を追いかけて、それを射止めたという実感が欲しいのよね？

そんな無欲さとは裏腹に、ラッキースター木星に守られたあなたは、成功にいちばん近い人。その気にさえなれば、さほど苦労せずにサクセスを手にできる人なの。

ただしこれは、あなた本来のチャレンジ精神を発揮した場合のこと。あなたの成功は、「今の、この先」を追い続けたときにのみ手に入ると考えて。現状に満足したとたん、あなたの人生は平凡なものになってしまうわ。

本気で成功を求めるのなら、活躍の舞台を海外に移すのも一案よ。

引力をプラスにするもの

グローバルな感性
大きなスケール

引力をマイナスにするもの

特殊なもの
細かい作業

【ヒント③ リッチになるために】

金運が海外と結びつく。
可能性は外に求めて！

あなたの金運は海外とリンクしているのが特徴。リッチを目指すなら、なんらかの形で海外と関わること。貿易関係でもいいし、外資系に勤めるのもいいわね。

射手座はもともと、専門的な勉強を得意とするサイン。学んだことが無駄なく金運に結びつくので、留学やセミナー、ワークショップには積極的に参加して。

海外のメソッドを日本に持ち込めば、リッチへの道はさらに加速。月を射手座に持つ人は、移動すればするほど、遠くに行けば行くほど、金運がアップするの。

なので、地元に居続けるのは得策じゃない。地元に残っていると、あなたの引力が発揮されずに終わる可能性があるから注意して。

リッチになりたいなら、可能性を外に求めるべき。もちろん、外国語の習得はMUST。英語以外の外国語もできれば、リッチへの道は格段に早まるわ。

引力をプラスにするもの
世界標準
遠距離

引力をマイナスにするもの
狭い環境
目先の利益

あなたが今、運がよくないと感じているとしたら、その原因は…

自由に行動できない

あなたにとっては「今、このとき」が勝負。思いついたら即、行動したい人なのね。逆に、それができないとみるみるストレスが溜まっちゃう。持ち前の行動力が発揮できず、運も下がってしまうの。あなたの場合、何よりも自由優先で。

安定志向に陥っている

あなたは未知の世界に興味深々。好奇心を満たすためなら、今あるものをも手放せる人。でも、社会通念にとらわれて安定を優先させたとたん、あなたの引力は徐々に低下することに……。安定に固執するのはあなたらしくないわ。

未知の世界に触れていない

あなたのエネルギー源は、自分と違うものから受ける「刺激」。知らない世界に飛び込んで、見たこともないものに触れたときの感動が、あなたのパワーを作っているの。運が低下しているのは、このパワーチャージができてない証拠よ。

月星座射手座の
あなたに送るノウハウ集

セルフイメージを高めるマジカルフレーズ

- 「私はいつだって自由！」

運を好転させる方法

- 外国語を学ぶ
- アウトドア系の趣味を持つ
- 引っ越しをする（遠いほどベター）

迷ったときは

- 自由度が高いほうを選ぶ

軌道修正のサイン

- 持ち物を失くす
- 健康診断でひっかかる
- チケットや座席が取れない

運命の出会いが近づいているときのサイン

- ヒップアップしてくる
- 貯金を考えるようになる
- 手のかかる料理を作りたくなる

ソウルメイトを引き寄せる魔法

- ネイルにスカイブルーを使う
- 満月の夜にシャンパンを飲む
- 十字架のアクセサリーをつける

COLUMN

月との「ツキあい方」

月星座射手座のあなたは、もともと月の影響を受けにくい人。とはいえ、ラッキースター・木星に守られているので、月の引力を強化すれば、玉の輿運が発動！　富豪に見初められる可能性もアリ。新月と満月の日は、月・木星の両方と相性のいい、ターコイズをぜひ身につけてみて。満月の夜のアルコールは控えめに。

あなたの引力を
高めてくれるもの

場所
PLACE

空港、教会
大学のキャンパス

ファッション
FASHION

デニムのジャケット
レザーブーツ

美容
BEAUTY

バスタブに粗塩を入れて
発汗を促進

メイク
MAKE-UP

健康的な
スポーティーメイク
肌のトーンは小麦色で

アイテム
ITEM

紫色のパスポートケース

旅行
TRAVEL

オーストラリア大陸を縦断!
気球体験ツアー

健康
HEALTH

スクワットで
下半身の筋力を鍛える

ストレス解消法
STRESS

夏はサーフィン、
冬はスキーで季節を
肌で感じる

月星座射手座の男性との上手なつきあい方

ハンター気質の彼とは、一緒に楽しむこと！

月星座射手座の男性は、根っからのハンター気質。思い立ったら矢のごとく飛んで行く、自由でアクティブな男性なのね。

ただし、飛んでいく先は女性とは限らない。彼にとって、恋愛は人生の one of them。いろんなことを見たい、聞きたい、体験したい人なので、恋愛にかけるパッションは低め。「女って面倒くさいんだよなー」と思ってるフシがあるから、ワガママは NG。手間のかからない女性でいないとね。

月が射手座にある男性は、女性と語り合うというより、いろんなことを一緒に楽しみたい、体験したいと思ってる。なので、彼のフットワークに着いていく必要があるわね。

アウトドア志向の彼は、ツーリングやシーズンスポーツが大好き。彼と二人で BBQ パーティーを主催なんていうのはいかが？ 「一緒に楽しめる女性」だと思われたら、勝算アリよ。

月と太陽の組み合わせでさらに詳しく

月星座射手座×太陽星座

ARIES

太陽星座が

牡羊座

3/21~4/20

あなたは無限の可能性の持ち主。「この程度でいっか」はやめて、つねにワンランク上を狙うこと。短期的な目標を積み重ねるのがコツ。

CANCER

太陽星座が

蟹座

6/22 ～ 7/22

仲間を大切にすることが幸運の呼び水。運気が落ちてきたと感じたら、家の中を徹底的に掃除して。ふだんからタンパク質を多めに摂ること。

TAURUS

太陽星座が

牡牛座

4/21 ～ 5/21

健康に恵まれたあなたは、自分の体力を過信しがち。年1回のメディカルチェックは欠かさずに。おかしいと思ったらすぐ診てもらう習慣を。

LEO

太陽星座が

獅子座

7/23 ～ 8/22

根っから明るいラテン系のあなたは、ヒマワリのような人。元々ラッキーだけれど、周囲への気配りを忘れなければよりいっそう強運に。

GEMINI

太陽星座が

双子座

5/22 ～ 6/21

多方面の知識を浅く広く身につけることが開運のカギ。兄弟とはこまめに連絡をとっておくこと。海外旅行が人生を変えるきっかけに。

VIRGO

太陽星座が

乙女座

8/23 ～ 9/23

月星座射手座の中では慎重派。大きな決断に躊躇しがちだけれど、たいていは取り越し苦労。「案ずるより産むがやすし」を座右の銘に。

※占星術では「ホロスコープ」を使って、太陽・月・惑星などの10個の天体の位置をマッピングし、鑑定師が長い時間をかけて鑑定。したがって、生まれた月日だけでなく、生まれ年、生まれた時刻、生まれた場所の座標などが必要になります。現在、一般的な「太陽星座占い」はそれを誕生日だけで簡単に占えるように簡略化したもの。

LIBRA

太陽星座が

天秤座

9/24 〜 10/23

公明正大で寛容なあなたは、どこにいても中心的存在。状況に応じてアクセルとブレーキを使い分ける、そのバランス感覚はお見事。

CAPRICORN

太陽星座が

山羊座

12/22 〜 1/20

行き当たりばったりの月星座射手座の中で、最も計画性のある人。確かな実力とスケールの大きさで、今後、揺るぎない地位を築くはず。

SCORPIO

太陽星座が

蠍座

10/24 〜 11/22

心の中に光と闇が混在するあなた。生きる目的を真剣に考えているのでは？　前に進めないときは、古典や哲学書の中に大きなヒントが。

AQUARIUS

太陽星座が

水瓶座

1/21 〜 2/18

好奇心旺盛で目新しいものが大好き。インターナショナルな感性と広い視野を持ち合わせているので、世界を股にかけて活躍できそう。

SAGITTARIUS

太陽星座が

射手座

11/23 〜 12/21

より大きな可能性を求め前進し続けるあなたは、アドベンチャー精神の塊。未知の世界に飛び込むとき、最高にワクワクするのでは？

PISCES

太陽星座が

魚座

2/19 〜 3/20

根っからのお人好し。NOが言えないあなたはつきあう相手を選ぶ必要が。毎月テーマを決めて過ごせば持ち前のパワーを有効に使えそう。

月星座

山羊座

のあなた

確実に結果を出す
孤高のクールビューティー

【あなたは何で引き寄せる?】

時代の流れに惑わされずに、本当の価値を見出す天才

あらゆることが次々と移り変わる現代社会にあって、月星座山羊座のあなたは、ある種、稀有な存在。流行りすたりや一時しのぎの評価に惑わされることなく、確固たる眼差しで本当の価値を見出す天才――それが、月を山羊座に持つあなた。

素人離れしたその価値観は、土星をルーラー（支配星）に持つ山羊座の月にのみに与えられた、特別な「ものさし」。その判断力こそが、あなたの引力なのね。

あなたは、「時の重み」を誰よりも知っている人。本物は時を超えて生き残るという価値観のもと、軽薄なもの、表面的なものには見向きもせず、本物だけを追い求める。

安直な結果を求めず、努力を惜しむことなく、一歩一歩着実に実力をつけていくあなたは、周囲からも高評価。そうやって、最後はトップに上りつめる人よ。

引力をプラスにするもの
有言実行
忠誠心

引力をマイナスにするもの
我慢のしすぎ
意地

【ヒント① もっと愛されるために】

真面目なおつきあいを意識すれば、ベストパートナーに巡り合える

あなたの引力を高めてくれるのは、「結婚」を前提とした真面目なおつきあいのみ。ゲーム感覚の軽々しい関係は、あなたの引力を低下させるだけ。不倫の恋は論外よ。

恋愛は苦手ながらも、あなたの結婚運は強力。お見合いや知人の紹介でベストパートナーに巡り合う確率が高いので、親戚筋や信頼できる人に「いい人がいたら紹介して」と頼んでおくのも一案。「ウチの嫁に」と有力者から声がかかったり、地方の旧家や「○○家」とよばれる一族に縁があるのも、月を山羊座に持つ人の特徴よ。

年配者に可愛がられるタイプなので、同居を求められたら二つ返事で OK を。

あなたの場合、そのクールさゆえ「気持ちが読めない」と男性から思われているのも事実。嬉しいとき、楽しいとき、感動したときは、大袈裟なくらいの感情表現を心がけて。

引力をプラスにするもの
家庭的な趣味
品行方正

引力をマイナスにするもの
値踏み
条件をつける

【ヒント② 仕事で成功するために】

時の大切さを知るあなたは修業や下積みを肥やしにできる

あなたにとって、成功を手にするのはさほど難しいことじゃないわ。むしろ、たやすいはず。それはひとえに、あなたが努力を厭わない人だから。

あなたは本能的に知っているのよね。時間をかけることでしか、真の実力はつかないことを。そして、努力はけっして裏切らないということを。

「時」を支配する土星の影響を強く受けているあなたは、時間をかけて成し遂げるものには抜群の強さを発揮する。逆に、短期間で勝負のつくものはちょっと苦手かも。

月星座山羊座のあなたは今時の人には珍しく、上下関係や師弟関係が苦にならないタイプ。修業や下積み期間が長くても弱音を吐かず、むしろそれを肥やしにできる人なのね。

真面目で実直な性格が上から評価され、それに見合った成功を確実に手にする人よ。

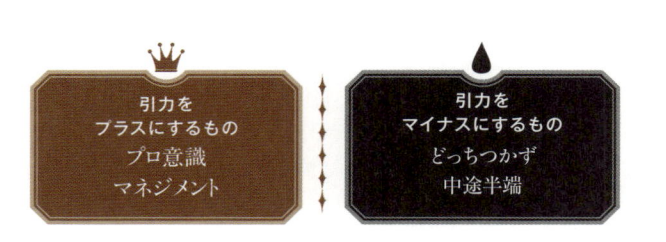

引力をプラスにするもの

プロ意識

マネジメント

引力をマイナスにするもの

どっちつかず

中途半端

【ヒント③ リッチになるために】

長期投資や資格取得が、
最短かつ確実な金運に直結

あなたがリッチになる方法はズバリ、長期投資。これは、時間を支配する土星に守られたあなただからこそ可能なこと。同じ投資でも、短期間で売り買いする株やFOREXは不向きなので、手出しは無用。

あなたにとっては、資格をとるのも投資のひとつ。月が山羊座にある人は「教えること」が金運に直結するので、学ぶのであれば最初からインストラクターコース、プロコースを狙うべき。茶道・華道・書道の師範、着付けのお免状等をとっておけば、将来確実にリターンが得られるはずよ。

あなたの場合、知識やスキルを身に着け、能力を高めることが最高の投資。リッチになる最短距離と心得て。山羊座は「土地」と相性がいいので、不動産投資もGOOD。気に入った書や絵画、陶器、彫刻を買っておくと、将来値上がりする可能性も。

**引力を
プラスにするもの**

プロフェッショナル
第一人者を目指す

**引力を
マイナスにするもの**

二流
ギャンブル

あなたが今、運がよくないと感じているとしたら、その原因は…

実力が正当に評価されない

何事にも真剣に取り組むあなた。努力もするし、それなりの結果も出しているはず。なのに、それがなんらかの理由で正当に評価されてないとしたら、モチベーションが下がっても致し方ない。そこは、あなたのいるべき場所ではないかも。

子供っぽい人に囲まれている

月星座山羊座のあなたは、ある意味、「大人」。子供っぽいもの、低俗なものはおよびじゃない。芸能ネタや人の噂話といった低レベルの会話ばかり聞こえてくるような環境は、あなた向きじゃないわ。思い切ってサヨナラを。

近道をしようとしている

あなたは、努力してこそ光る人。何をするにしても、一歩一歩着実に進むタイプだけれど、何かの拍子に近道をしようとすると、そこで歯車が狂ってしまうの。あなたの運は、正当な過程を踏んでこそ育っていくことを知っておいて。

月星座山羊座の
あなたに送るノウハウ集

セルフイメージを高めるマジカルフレーズ

- 「私は何でも達成できる！」

運を好転させる方法

- コーチングを受ける
- 難度の高い資格を取る
- 芸術家肌の友人を作る

迷ったときは

- 評価してもらえるほうを選ぶ

軌道修正のサイン

- ぎっくり腰になる
- 皮膚が荒れてくる
- クレームをつけられることが多くなる

運命の出会いが近づいているときのサイン

- 頬の血色がよくなる
- フェミニンな服が着たくなる
- ちょっとした贅沢をしたくなる

ソウルメイトを引き寄せるコツ

- 巻き髪にする
- ホワイトニングを定期的に行う
- 結婚式やパーティーで着物を着る

COLUMN

月との「ツキあい方」

月が山羊座にあると、ルーラーである土星の影響で、感情を押し殺してしまいがち。月の引力は、感情を素直に味わってこそ活きてくるもの。「嬉しい」「楽しい」「幸せ」という感情をもっと表現してみては？　あなたの場合、大袈裟なくらいでちょうどいい。孤独を好むあなただけど、社交性は必要。三日月か満月の晩に人の集まる場所へ。

あなたの引力を高めてくれるもの

場所
PLACE

歴史ある古都
芝生のある公園

ファッション
FASHION

コンサバ風ジャケット
ツイードのスカート

美容
BEAUTY

枕元にラベンダーの
サシェを置いて寝る

メイク
MAKE-UP

色味を抑えた
ブラウンメイク
シンプルシックなイメージで

アイテム
ITEM

老舗メーカーの腕時計

旅行
TRAVEL

神社仏閣をめぐる
奈良京都の旅

健康
HEALTH

ピラティスに
定期的に通う

ストレス解消法
STRESS

禅寺で写経、頭を
無にする時間を作る

月星座山羊座の男性との上手なつきあい方

軽い恋愛は一切なしの「日本男児」

「日本男児」と呼ぶにふさわしい、月星座山羊座の男性。古風で昔気質な彼は、すべてにおいて常識的。「男たるもの、こうあらねば」という意識の強さは、イマドキの男子には珍しいほど。

男女関係に対する考え方も、超保守的。責任感の強い人ゆえ、つきあう女性はすべて、結婚の対象。当然、軽々しい恋愛は一切なし。

彼が目指すものは、仕事での成功。「妻子を養うのが男の役目」と思っている反面、「成功者の影に良き妻あり」ということも重々承知なので、女性を選ぶにも厳しいチェックが。

あなたとしては、「しっかりしてる女性だな」と認められることが第一。さらに、「あなたを全面的に信頼してるわ」ということを態度と言葉で伝えることも大切ね。

両親の話をするようになったら、あなたとのことを本気で考えている合図よ。

月と太陽の組み合わせでさらに詳しく

月星座山羊座×太陽星座

ARIES

太陽星座が

牡羊座

3/21~4/20

理想と現実をどこまで近づけられるか——それがあなたのテーマ。本当にやりたいことにエネルギー集中させれば、結果は自ずと出るはず。

CANCER

太陽星座が

蟹座

6/22 ～ 7/22

仕事中心になりがちなあなたは、ON と OFF の切り替えが必要。自分なりのベストバランスを探って仕事とプライベートのメリハリを。

TAURUS

太陽星座が

牡牛座

4/21 ～ 5/21

贅沢を嫌うあなたは、現実的な金銭感覚を持つ人。モノよりも心豊かになれるものにお金を遣えば、人生が今以上にランクアップするはず。

LEO

太陽星座が

獅子座

7/23 ～ 8/22

謙虚なあなたは、着実に経験を積んできた実力者。そろそろ自分をアピールしてもよいのでは？　上司や目上の人との関係は大事にしたい。

GEMINI

太陽星座が

双子座

5/22 ～ 6/21

音楽、芸術、アートに触れることがチャンスにつながる暗示。あなたの場合、学ぶことはすべてラッキー。楽器を習ってみてはいかが？

VIRGO

太陽星座が

乙女座

8/23 ～ 9/23

真面目でしっかり者のあなたは、計画的に物事を進めるのが得意。それができないとストレスになるので、機能的な環境を整えておくこと。

※占星術では「ホロスコープ」を使って、太陽・月・惑星などの10個の天体の位置をマッピングし、鑑定師が長い時間をかけて鑑定。したがって、生まれた月日だけでなく、生まれ年、生まれた時刻、生まれた場所の座標などが必要になります。現在、一般的な「太陽星座占い」はそれを誕生日だけで簡単に占えるように簡略化したもの。

LIBRA 太陽星座が
天秤座
9/24 ～ 10/23

華やかな社交性と奥ゆかしさが相まって、男性から人気の高いあなた。ヘアスタイルに一手間かけることで出会いのチャンスが増える暗示。

CAPRICORN 太陽星座が
山羊座
12/22 ～ 1/20

結果を出すためならどんな努力も厭わない、野心家のあなた。その実力に愛嬌が加われば、目標達成は簡単。愛嬌も実力のうちと心得て。

SCORPIO 太陽星座が
蠍座
10/24 ～ 11/22

しっとりした大人の魅力を漂わせるあなた。目上からのアプローチが多いのでは？　目立つことを恐れず、大胆なファッションを楽しんで。

AQUARIUS 太陽星座が
水瓶座
1/21 ～ 2/18

得意のITスキルを駆使してテキパキ仕事をこなす、有能なあなた。交友関係の広さは強力な武器。SNSを使ったビジネスに大きな可能性が。

SAGITTARIUS 太陽星座が
射手座
11/23 ～ 12/21

二つは矛盾しているように見えて、じつは最高の組合わせ。大局的な視点に高い遂行能力が加わるので、社会貢献レベルの大仕事が可能。

PISCES 太陽星座が
魚座
2/19 ～ 3/20

感情表現豊かなあなたは、月星座山羊座には珍しいタイプ。優しさと意志の強さが共存し、人の心を掴むのも上手。天性のオジサマキラー。

月星座

水瓶座

のあなた

独自の視点で今を生きる
ロジカルウーマン

【あなたは何で引き寄せる?】

どんなときもフェアでいられる、クールなヒューマニスト

人間は理性の生き物——であるはずなのに、実際、ほとんどの人は感情に振り回されているのが現状。そんななか、つねに理性的、客観的で、公平な視点から物事を判断する貴重な人物——それが、月星座水瓶座のあなた。あなたほど、感情に振り回されない人は珍しいのではないかしら？　クールでアップダウンのない性格は間違いなく、あなたの引力。

素晴らしいのは、いつも周りの幸せを願っていること。特定の人に肩入れしたりすることはなく、派閥に属したりすることもない。「みんなにとっていちばんいい方法はなにか？」をつねに考えているのね。

そして驚くべきは、その顔の広さ、人脈の多さ。年代、職業、国籍を超えた幅広い人脈は、フェアでナチュラルな魅力が引き寄せたもの。誰に対しても敬意を忘れない、根っからのヒューマニストよ。

引力を
プラスにするもの
ドライな感覚
柔らかい物腰

引力を
マイナスにするもの
敵対心
ぶっきらぼう

【ヒント① もっと愛されるために】

人為的なものより、
ハプニングのなかに運命の出会いが

あなたの出会いは、偶然と隣り合わせ。ドタキャン、スケジュール変更、勘違いといった、いっけんアンラッキーにみえることが運命の出会いを引き寄せるという、おもしろい運を持っているのね。

お見合いや合コン、結婚紹介所といった人為的なものは、あなたにとって無意味。逆に、駅、空港、コンサート会場、観光名所といった、不特定多数の人が集まるところは出会いの可能性が高いわ。

月星座水瓶座の人の恋愛運は、趣味と連動しているのが特徴。趣味の時間を多くとることが、ラブチャンスを引き寄せるポイントになるわね。

あなたの場合、一目見て恋に落ちるというよりは、友人からパートナーに自然昇格するパターンがほとんど。恋人という視点でなく、まずは友達として仲良くなるのがスムーズよ。

引力を
プラスにするもの
対等な関係
インテリジェンス

引力を
マイナスにするもの
反抗心
理論攻め

【ヒント② 仕事で成功するために】

両極端をまとめるセンスが抜群！組織より人脈を有効に使って

月星座水瓶座のあなたは、非凡なセンスの持ち主。それだけに、独自のセンスを活かせるかどうかで、成功の度合が大きく変わってくるの。

ぜひ使ってほしいのが「東洋と西洋」「地味と派手」といった両極端のものを、ひとつにまとめあげるセンス。古いものを現代風にアレンジするのも得意なのでは？

もうひとつ、「ワーキングスタイル」も成功を左右する大きな要素ね。月が水瓶座にある人は根っからの自由人ゆえ、会社勤めはいちばん避けたいスタイル。組織という枠にはめられてしまうと実力が発揮できなくなってしまうの。

あなたの場合、人脈（ネットワーク）を有効に使うことが成功への最短距離と考えて。ふだん一人で仕事をし、ニーズに合わせて必要なスキルをもつ人とコラボする……という形がベストよ。

引力をプラスにするもの

オーガナイズ
コラボレーション

引力をマイナスにするもの

常識
損得勘定

【ヒント③ リッチになるために】

地道にコツコツより、
ネットビジネスで金運を手にする

月星座水瓶座のあなたは、インターネットをどれだけ活用できるかが勝負。水瓶座のルーラーである天王星は「改革・革命」をもたらす惑星。コンピューター、インターネットという現代の科学技術は、天王星のエネルギーによって生み出されたものなのね。あなたの金運は、この天王星とリンクしているの。コツコツ地道に働くというよりは、最新技術を駆使して短期間で儲けるタイプ。

なかでも、ネットビジネスへの適性は12星座随一。最新の商品、情報、メソッド、ノウハウとインターネットを組み合わせて独自のビジネススタイルを構築すれば、大きなキャッシュフローを生み出すことも可能よ。

もともと一風変わったセンスの持ち主なので、斬新なアイデアには事欠かないはず。仲間同士のつながりをうまく使うことがリッチへの近道と心得て。

引力をプラスにするもの	引力をマイナスにするもの
カリスマ性	既成概念
最新情報	一般人の感覚

あなたが今、運がよくないと感じているとしたら、その原因は…

上下関係の厳しい環境にいる

月星座水瓶座のあなたは「人間みな同じ」と考えるタイプ。老若男女・国籍・宗教にかかわらず、誰とでも同じ態度で接するのね。そんなあなたにとって、上下関係が根強く残る日本の組織は、ちょっと窮屈なのでは？　年功序列より実力勝負の環境がベターよ。

意見が認められない

あなたのものの見方、考え方は超進歩的。時代の一歩先をいってるから、それを受け入れられる人と、そうでない人がいるのよね。おもしろいと認めてもらえれば問題ないけど、そうでなければ、あなたの個性が台無しに……。

同じような人ばかり周りにいる

交友関係が広く、あらゆるタイプの友人を持つあなた。違う価値観の人と触れ合うことに面白さを感じるのよね？　逆に、同じタイプしかいない画一的な環境は、あなたにとってツマラナイだけ。運もモチベーションも低下してしまうわ。

月星座水瓶座の
あなたに送るノウハウ集

セルフイメージを高めるマジカルフレーズ

●「私って天才！」

運を好転させる方法

- ●NPOを立ち上げる
- ●長期旅行に出かける
- ●ひとまわり以上歳の離れた友人を作る

迷ったときは

●個性が認められるほうを選ぶ

軌道修正のサイン

- ●家の修理が必要になる
- ●パソコンのフリーズがよく起こる
- ●外出先で雨に降られることが多くなる

運命の出会いが近づいているときのサイン

- 涙もろくなる
- 植物を育てたくなる
- 一人の時間を持ちたくなる

ソウルメイトを引き寄せるコツ

- 苦手なものを毎日食べる
- ノースケジュールで旅行に行く
- どこかに立ち寄ってから帰宅する

COLUMN

月との「ツキあい方」

新月前後は、あなたの引力が最高潮に達するとき。ときどき不思議なヒラメキがあるのでは？　逆に、満月では判断力が鈍るので大きな決断はNG。月とつながると、シンクロがバンバン起きてくるのがあなたの特徴。とくに、昔の知り合いにバッタリ出会ったら、月の力が効いている証拠。スマホやパソコンを買い替えるなら新月の日に。

あなたの引力を高めてくれるもの

場所
PLACE

博物館、天文台
プラネタリウム

ファッション
FASHION

ボートネックのTシャツ
ボーイフレンドデニム

美容
BEAUTY

最新式の美容家電で
ホームケア

メイク
MAKE-UP

個性的なメイクがピッタリ
つけぼくろでアクセントを

アイテム
ITEM

ネオンカラーの
ビニールバッグ

旅行
TRAVEL

宇宙の神秘を体感する
日食観測ツアー

健康
HEALTH

足りない栄養素を
サプリメントで補う

ストレス解消法
STRESS

タイ古式マッサージで
凝った身体を緩める

月星座水瓶座の男性との上手なつきあい方

男女の関係より、知的な会話ができる親友を目指す

「男と女」という意識が希薄なのが、月星座水瓶座の男性。クールで理知的な彼は、甘い言葉をささやくわけでもなく、キスの素振りもナシ。「もう○年もつきあってるのに、恋人っぽくならないのはナゼ？」――そんな疑問をいだく女性が多いかもしれないわ。

とはいえ、彼に男女関係を押しつけるのはNG。彼の場合、友人であろうが恋人であろうが、その態度はほとんど変わらない。友情と恋愛を区別しないのが、月を水瓶座に持つ男性の特徴なのね。

彼が求めているのは、恋人ではなく「親友」。それにはまず、知的な会話ができること。彼は、知性にセクシーさを感じるタイプ。頭のいい女性にそそられるので、彼を落としたいなら色じかけではなく、インテリジェンスで迫るべき。政治から自然科学、歴史やアートまで幅広い会話ができれば、彼はきっと、あなたに一目置くはずよ。

月と太陽の組み合わせでさらに詳しく

月星座水瓶座×太陽星座

ARIES
太陽星座が
牡羊座
3/21~4/20

見た目以上に非凡な才能の持ち主。奇抜な思考と斬新なアイデアをどれだけ活かせるかが勝負。平凡な人生で満足したらモッタイナイ！

CANCER
太陽星座が
蟹座
6/22 ～ 7/22

クールとウェットが同居し、その時々で違う一面を見せるあなた。誰にでも気軽に声をかけ、仲間を大事にするので多くの人から慕われる。

TAURUS
太陽星座が
牡牛座
4/21 ～ 5/21

頑固なまでのこだわりを持つ、プロ意識の高い人。それが強すぎると「早すぎる天才」になってしまうので、融通を利かせることも必要。

LEO
太陽星座が
獅子座
7/23 ～ 8/22

堂々とした気高いオーラを放つ、誰もが一目置く存在。個性豊かな才能とズバ抜けた統率力を持ち、有事に強いのでリーダー役に適任。

GEMINI
太陽星座が
双子座
5/22 ～ 6/21

即効性を求めるスピーディーな人。思いついたことをすぐ行動に移すので、何事もスムーズ。合理的で頭脳明晰。無駄がない立ち回りが見事。

VIRGO
太陽星座が
乙女座
8/23 ～ 9/23

私情をはさまず、論理的に物事を進めるあなた。理想を具現化する才能に恵まれ、しかも努力を惜しまないので、確実に目標を達成する。

※占星術では「ホロスコープ」を使って、太陽・月・惑星などの10個の天体の位置をマッピングし、鑑定師が長い時間をかけて鑑定。したがって、生まれた月日だけでなく、生まれ年、生まれた時刻、生まれた場所の座標などが必要になります。現在、一般的な「太陽星座占い」はそれを誕生日だけで簡単に占えるように簡略化したもの。

LIBRA

太陽星座が

天秤座

9/24 ～ 10/23

個人主義ながら人づきあいがよく、ONとOFFの切り替えも上手。恋人や親しい人とも適度な距離感をとり、スマートな関係を築くタイプ。

SCORPIO

太陽星座が

蠍座

10/24 ～ 11/22

「何を考えているかわからない」と思われることが多そう。魅力的な人なのに無愛想でソンをしているので、笑顔であいさつを意識して。

SAGITTARIUS

太陽星座が

射手座

11/23 ～ 12/21

太っ腹でフレキシブル。聡明でスマート。人に好かれる要素をたくさん持っているあなたは、自由度の高い環境を誰よりも必要とする人。

CAPRICORN

太陽星座が

山羊座

12/22 ～ 1/20

保守的で堅そうに見えて、じつは意外にざっくばらん。「自分がやらねば！」という意識が強すぎるので、協力を仰ぐことを良しとして。

AQUARIUS

太陽星座が

水瓶座

1/21 ～ 2/18

つねに未来を見据え、ダイナミックなビジョンを描く、ユニークなセンスのもち主。クリエイティブな才能で世界に羽ばたく可能性も。

PISCES

太陽星座が

魚座

2/19 ～ 3/20

博愛精神の強い人道主義者。人の心を理解する優しさと冷静沈着な判断力を持ち合わせ、つねに世のため人のためを願っている愛の人。

月星座

魚座

のあなた

聖母のような優しさを持つ
現代のナイチンゲール

【あなたは何で引き寄せる?】

人の心を癒やし、魂を震わせる 無条件の愛と優しさ

優しさ、思いやり、無条件の愛——月星座魚座のあなたには、そんな言葉がぴったり。

困っている人を見たら矢も楯もたまらず、すぐさま援助の手を差し伸べるあなた。そんなあなたの優しさに触れ、「世の中、捨てたもんじゃない」と勇気づけられる人も多いはず。「ねえ、聞いてよ……」と悩みを打ち明けあけられることも多いのでは?

魚座に月を持つあなたは、世知辛い世の中に咲いた一輪の花。真っ暗な森にともる、ほのかな灯りのような存在。

あなたが素晴らしいのは、話を聞いてあげるだけで、人の心を癒やしてしまえること。だからこそみな、あなたに会いたくてたまらなくなるのね。

あなたの優しさは、人の魂を震わせるほどのレベル。それは、あなたが持つ「無条件の愛」からくるもの。この愛こそが、あなたの引力なのよ。

引力をプラスにするもの	引力をマイナスにするもの
目的意識 イマジネーション	腐れ縁 過度の哀れみ

【ヒント① もっと愛されるために】

自分の意思と幸せを最優先に、イニシアティブをとるくらいの気持ちで

月星座魚座のあなたは、恋多き女。魚座特有のはかなげな雰囲気に、親しみやすさと適度なスキが相まって、男性にとってはたまらなく魅力的に見えるのね。

気をつけてほしいのは、あなたに言い寄る男性が、必ずしもおすすめできるタイプばかりではないということ。

あなたに必要なのはまず、自分の意見をはっきり言うこと。そして、自分の意思と幸せを優先させること。
「約束を守る」「時間に正確」この2つを満たす相手であるかどうかも、しっかりチェックすべきね。

いつも自分のことを後回しにしてしまうあなただけれど、恋愛において、これはNG。男性とは、自分がイニシアティブをとるくらいのつもりでつきあうこと。魚座の月を持つ人は、まず自分の幸せを最優先しなくては。それでこそ、いい恋愛ができるのだから。

引力をプラスにするもの
適度な距離感
対等な関係

引力をマイナスにするもの
優柔不断
強いお酒

【ヒント② 仕事で成功するために】

利益や儲けより人間関係。サポーターに恵まれるのが強み

成功という言葉は、あなたに不似合いかもしれない。実際あなたも、「成功？　あまり興味ないけど……」と感じているのでは？

でも、だからといってあなたが成功に縁遠いとはかぎらない。いえ、むしろ逆。あなたほど望まずして成功できる人はいないかもしれないわ。

あなたの強みは、サポーターが多いってこと。「あなたが勧めるなら買うわ」「キミためならひとはだ脱ごう」と思う人が、あなたの周りにはたくさんいるのね。

あなたの場合、成功のコツは、仕事相手とプライベートで仲良くなってしまうこと。そして、その人との人間関係を第一に考え、利益や儲けは二の次にする。

「あなたにお願いしたい」と言われるようになったら、およそ何をやっても成功できるはず。あなたほど人に好かれる人はいないのだから。

引力をプラスにするもの
時間厳守
期限をもうける

引力をマイナスにするもの
甘え
意志薄弱

【ヒント③ リッチになるために】

仕事より環境重視で、転職のたびにステップアップも

あなたがリッチになるコツは、ルーラー（支配星）である海王星のパワーをうまく使うこと。

たとえば、「転職」。あなたは転職のたびに収入を上げていく、典型的なタイプ。同じ職場にずっといるより、よりよいものを求めてどんどんステップアップしてったほうがいいのね。

ポイントは、仕事そのものよりも、むしろ「環境」を重視すること。あなたの場合、環境から受ける影響が普通の人以上に大きいので、どんな環境で働くかがことのほか重要。殺伐としたオフィスや雑居ビルで働いたりすると、あなたの引力が低下してしまうので要注意。

理想は海や川が見渡せるオフィスか、大きなアクアリウム（水槽）があるオフィス。そんな環境で働けば最高の結果を残し、次のステップアップが容易になるわ。

外貨預金で予想外の利益を手にする可能性も。

引力をプラスにするもの	引力をマイナスにするもの
インスピレーション	人の言いなり
美的センス	お人好し

あなたが今、運がよくないと感じているとしたら、その原因は…

結果を求められる仕事をしている

　月星座魚座のあなたは、競うことが大の苦手。数字を課されるとやる気が失せてしまうのでは？　結果がはっきり出る仕事より、音楽や芸術のように感覚的なものを扱うほうが、あなたにとって無理がないわ。

愛の感じられない環境にいる

　あなたにとって、愛は空気と同じ。あって当たり前のものなのね。忙しすぎて心が通わないような環境では、あなたの心が疲弊してしまうの。優しい人達が仲良く働いているような職場が、あなたにはピッタリ。

潤いのない環境にいる

　あなたにとって、職場と住まいから受ける影響は大。雑然とした味気ないオフィスや帰って寝るだけの住まいではイマジネーションが働かず、あなたの引力が機能しなくなっちゃう。海や川のそばに引っ越すか、「水」を感じさせる工夫を。

月星座魚座の
あなたに送るノウハウ集

セルフイメージを高めるマジカルフレーズ

- 「すべて私のイメージ通り♪」

運を好転させる方法

- ダンスを習う
- 堅いものを多めに食べる
- バイオリンの音色を聴いて眠りにつく

迷ったときは

- 将来をイメージしやすいほうを選ぶ

軌道修正のサイン

- 人に裏切られる
- カンが当たらなくなる
- 上司や父親に注意されることが多くなる

運命の出会いが近づいているときのサイン

- 足首が細くなる
- 仕事に打ち込みたくなる
- 好き嫌いがはっきりしてくる

ソウルメイトを引き寄せる魔法

- 夢日記を習慣にする
- 音楽関係の友人を持つ
- ヒプノセラピーを受ける

COLUMN

月との「ツキあい方」

あなたは様々な形で月のパワーを受け取れる人。いちばんのおすすめは、満月の晩の月光浴。海か露天風呂でできれば最高のパワーチャージに。新月の日は海辺か川べりを散歩して。粗塩を入れてお風呂に入るのもGOOD。新月、満月前後にみた夢をメモしておけば大きなヒントに。月の写真を撮るのも、あなたの引力を高める方法よ。

あなたの引力を高めてくれるもの

場所
PLACE

海辺、湖畔
水族館

ファッション
FASHION

レースのブラウス
水色のフレアスカート

美容
BEAUTY

月1回、足裏の
角質ケアを

メイク
MAKE-UP

パステル調の
ガーリーメイク
潤んだ瞳を強調

アイテム
ITEM

星の砂を入れた小瓶

旅行
TRAVEL

イルカと泳ぐ
スピリチュアルハワイツアー

健康
HEALTH

ミネラル水に粗塩を
ひとつまみ入れて飲む

ストレス解消法
STRESS

疲れを感じたら
砂浜を裸足で歩く

月星座魚座の男性との上手なつきあい方

デリケートで甘えん坊。素直な愛情表現がベスト

月星座魚座の男性は、一言でいえば「甘えん坊」。たとえ体育会系のいかつい外見であっても、心の中では「女性に思いっきり甘えたい！」と思っているはず。このことさえ知っていれば、彼を落とすのは比較的カンタンよ。

そもそも、彼の好みなんて、あってないようなもの。ストライクゾーンがおそろしく広く、優しく癒やしてくれる相手ならウェルカムというスタンス。そんな彼を射止めたいなら、素直に愛を表現するのがベスト。

言葉や態度で伝えるのはもちろん、写真、カード、ボイスメールなどあらゆる手段で「いつもあなたのことを思ってる」感を伝えられれば、彼の心は動くはず。

デリケートな人なので、責め口調や辛辣な言葉は絶対にNG。「どうしたの？」「何かあったの？」は彼を引き寄せる魔法の言葉よ。

月と太陽の組み合わせでさらに詳しく

月星座魚座×太陽星座

ARIES ♈

太陽星座が

牡羊座

3/21~4/20

チャレンジ精神と臆病さが同居。「一歩踏み出したいけれど、不安が先立つ」パターンが多いのでは？　まずは何事もやってみること！

CANCER ♋

太陽星座が

蟹座

6/22 ～ 7/22

優しさと思いやりに満ちた人。あなたは優しすぎて、自分のことを二の次にしてしまいがち。本当に愛を必要としているのは、あなた自身かも。

TAURUS ♉

太陽星座が

牡牛座

4/21 ～ 5/21

月星座魚座の中でバツグンの金運を誇るあなた。豊かなイマジネーションを仕事に結びつけることができれば、いくらでもリッチになれる。

LEO ♌

太陽星座が

獅子座

7/23 ～ 8/22

自分の意見を通すことに罪悪感を覚えるのでは？　まずは「主張＝衝突」ではないと知ること。意見を出し合うことは人間関係のスパイス。

GEMINI ♊

太陽星座が

双子座

5/22 ～ 6/21

旺盛な知識欲と果てしない想像力が相まって、アイデアに事欠かないあなた。「執筆とイラスト」といった両刀遣いできる器用さがウリ。

VIRGO ♍

太陽星座が

乙女座

8/23 ～ 9/23

人の役に立つことを喜びとするあなた。高い実務能力に加え周囲に対する思いやりがあり、細かい気配りもできるので社会的評価は抜群。

※占星術では「ホロスコープ」を使って、太陽・月・惑星などの10個の天体の位置をマッピングし、鑑定師が長い時間をかけて鑑定。したがって、生まれた月日だけでなく、生まれ年、生まれた時刻、生まれた場所の座標などが必要になります。現在、一般的な「太陽星座占い」はそれを誕生日だけで簡単に占えるように簡略化したもの。

LIBRA ♎ 太陽星座が

天秤座

9/24 〜 10/23

見た目も中身もエレガントなロマンチスト。人間関係を人生の軸とするあなたは、相手にとって心地よい関係を作るのがすばらしく上手。

CAPRICORN ♑ 太陽星座が

山羊座

12/22 〜 1/20

今ここにある現実が何より大事という山羊座と、厳しい現実から逃避したい魚座。没頭できる趣味でメンタルバランスをとることが必要。

SCORPIO ♏ 太陽星座が

蠍座

10/24 〜 11/22

鋭い洞察力とインスピレーションに恵まれ、目に見えない世界から多くの情報を受け取るあなた。神秘体験も多く、独自の宇宙観を持つ人。

AQUARIUS ♒ 太陽星座が

水瓶座

1/21 〜 2/18

老若男女問わず友人が多く、仕事以外のつながりも多数。なかには「いったいどこで知り合ったの?」と驚かれるような知人もいるのでは?

SAGITTARIUS ♐ 太陽星座が

射手座

11/23 〜 12/21

外に向かうダイナミックなパワーと、夢の世界を旅するイマジネーション――2つを併せ持つあなたは、足元をしっかり固めることが大事。

PISCES ♓ 太陽星座が

魚座

2/19 〜 3/20

女性らしいソフトな佇まいのあなたは、一言でいえば「夢の世界の住人」。人を疑うことを知らないので、誘惑と甘い言葉には注意が必要。

第3章

「引力」をさらに高めて強運になる

12星座すべての引力をモノにする方法

12星座の引力でさらに強運!

自分の月星座は、いちばん大切なもの。

あなたの運と幸せは「月星座の持つ引力を活かせるかどうか」にかかっているといっても過言じゃないわ。

とはいえ、自分の月星座さえ使えばカンペキ！というわけでもないの。というのも、12星座はすべてつながってるから。

牡羊座でスタートさせたことを、牡牛座で安定まで持っていき、双子座で新しい情報を集め、蟹座で多くの仲間とつながる。

獅子座で自分をアピールし、乙女座で奉仕の心を知り、天秤座でパートナーを得て、蠍座で利益をシェアする。

射手座で新しい可能性を見出しながら、山羊座で結果を出し、水瓶座でそれを世の中に還元しつつ、魚座で次のステージにいく準備をする——。

人生って、こういう流れで発展していくの。

だから、本来なら12星座すべてのエネルギー（＝引力）が必要なのね。

自分の月星座の引力だけでなく、12星座すべての引力を持っているのがベストというわけ。

とはいえ、実際のところ、これがけっこう難しい。

人の行動や性格には偏りがあるから、ふつうにしてたら、どうしたって使う星座は限られてくるの。

たとえば、「一人でコツコツ努力するのは得意だけれど、人づきあいは苦手」という人は、山羊座のエネルギーは使ってるけど双子座や天秤座のエネルギーは使えてないということだし、「話し上手で男友達も多いけど、特定のパートナーはいない」なんていう人は、双子座は使ってるけど、天秤座や蠍座の要素は使ってないことになるわね。

こんなふうに、人にはそれぞれ得意不得意があって、得意な星座の引力だけを使って生きていることがほとんど。

もちろん、自分の月星座をちゃんと活かしてればさほど問題はないけれど、それでも、12星座の引力をすべて持ってるに越したことはないのね。

なぜって、単純に、チャンスが増えるから。

そして、より幸せになれるから。

社交性はないよりあったほうがいいし、パートナーだっていたほうがいいでしょ？

12星座すべての引力を持つということは、「人生のフルコースを味わえる」ということなの。

たとえば、「スリムで引き締まったボディになりたい」っていうとき、腹筋だけ鍛えるより背中、肩甲骨、ヒップ、太もも、ふくらはぎとまんべんなく鍛えたほうが、よりはやく理想に近づけるでしょ？

それと同じで、いろんなサイン（星座）の引力を使ったほうが、変化のスピードが速くなるの。

強運体質への変化がね。

新月で潜在意識の回路が開く

じゃあ、どうすれば12星座すべての引力をモノにできるのか？

いちばん効果的なのは、「新月」を利用すること。

新月は月に１回あって、１年で12星座を一巡りするのね。４月は牡羊座の新月、５月は牡牛座の新月、６月は双子座の新月……というように。

そうやって、月に１度新月を起こしながら、私達に12種類のチャンスとパワーをプレゼントしてくれてるわけ。

ちなみに、新月というのは、月と太陽がぴったり重なった状態（月と太陽が真正面から向かい合うと満月）。

月は女性、太陽は男性の象徴なので、新月は「男女がひとつになること」を意味するのね。

男女がひとつになると、新しい命（子供）が生まれるでしょ？　このことからもわかる通り、新月には新しいものを生み出す力があるの。

「無から有を生み出すパワー」といってもいいかしら。

新月のエネルギーって、まさにこれなのよ。

生命力100％、可能性100％——それが、新月。

私達の側から言えば、新月のときは潜在意識の回路が開いて、新しいものを受け入れやすい状態になってる。

つまり、自分にない引力を身につけるのに、ちょうどイイ状態になってるというわけ。

新月から２週間がカギ

新月が起こると、そのサインの影響力は、約１か月持続する。

たとえば、2016年４月７日が牡羊座の新月だとすると、牡羊座のエネルギーは、次の牡牛座で新月が起こる５月７日まで続くのね。

とはいえ、これはあくまでもサインの影響力のこと。

新月の強烈なパワー（生命力100％、可能性100％）が続くのは、２週間と考えてほしいの。

というのも、２週間後には満月になって、また別の種類のエネルギーが混じってくるから。

逆にいうと、新月からの２週間は、そのサインの引力をモノにする、絶好のチャンス！

というわけで、私のおすすめは、毎月新月からの２週間、そのサインの性質を意識して過ごすこと。

具体的には、「①接する人　②食べ物　③掃除する場所」――この３点を意識して過ごす。

これが、サインの引力をモノにする確実かつ効果的な方法なのよ。

引力ポイント①　接する人

「運を上げたかったら、運のいい人と仲良くなりなさい」って言うでしょ？　引力もまったく同じ。

新月ごとに「その月、いちばん引力がある人」と接することで、その人から引力をいただくことができるの。

私達って、自分だけの力じゃ変われないのよ。

運や人生が変化するときは、そこに必ず「人」が介在するのね。運を上げてくれるのも、チャンスをくれるのも「人」。

つきあう人が変われば、入ってくる情報も変わるし、受け取るエネルギーも変化する。

新月のたびごとに「この２週間はこういう人と仲良くなってみよう」と思うだけでも、チャンスと可能性は広がるものよ。

引力ポイント②　食べ物

次に意識してほしいのが、「食べ物」。

地上にある食べ物はすべて、12星座に対応してるのね。

牡羊座の性質を持つ食べ物、牡牛座の性質を持つ食べ物、双子座の性質を持つ食べ物……というように。

それを食べることで、サインの引力を自分の一部にすることができるというわけ。

引力ポイント③　掃除する場所

最後に、「お掃除」。

じつは、12星座にはそれぞれ、家の中の「持ち場」があるの。そのサインのエネルギーが集中する場所、というか。

そして、新月から2週間のあいだにそこをお掃除することで、そのサインのエネルギーを定着させることができるの。

そうすることで住まいの気（波動）が変わると同時に、掃除をするあなた自身も、そのサインの引力をもらうことになるのよ。

新月星座別、引力ポイント

ここでは、12星座ごとに「引力を高めてくれるもの」を挙げてみるわね。

♈ 牡羊座新月からの2週間

仲良くしたい人　スポーツマン、体育会系の人、起業家、自営業の人、リーダータイプの人、ジムのインストラクター、タクシーの運転手、スポーツカーに乗っている人

食べたいもの　スパイシーなもの、香辛料を使ったもの、中華、炒め物、焼肉

掃除する場所　玄関（ドアの外も含め）

♉ 牡牛座新月からの２週間

仲良くしたい人 銀行マン、金融関係の人、ファイナンシャルプランナー、宝石店の人、芸術家、花屋・園芸店のスタッフ、グルメな人、歌の上手な人、おっとりした人

食べたいもの 根菜類、オーガニック野菜、地元で採れたもの、とろろ芋、地方の伝統料理、煮物

掃除する場所 バスルーム、洗面所、ドレッサーまわり

♊ 双子座新月からの２週間

仲良くしたい人 ライター、マスコミ関係の人、先生、郵便配達の人、弁のたつ人、頭の回転の速い人、情報通の人、歳より若く見える人、兄弟、幼なじみ

食べたいもの しらす干し、アルファルファ、サヤエンドウ、コーン、ナッツ類、レモン、セロリ

掃除する場所 デスクまわり、仕事部屋、書斎、本棚

♋ 蟹座新月からの２週間

仲良くしたい人 ホテルのスタッフ、旅館の女将、シェフ、料理人、面倒見のいい人、家族（とくに母親）、親友、近所のおばさん、妊娠してる女性

食べたいもの 乳製品、甲殻類、キャベツ、ブロッコリー、肉じゃが、コロッケ、ロールキャベツ

掃除する場所 キッチン、キッチン用品、冷蔵庫の中

獅子座新月からの２週間

仲良くしたい人 社長、組織のトップ、政治家、芸能関係の人、目立つ人、声の大きい人、親分肌・姉御肌の人、舞台にたつ人、ブランド好きの人

食べたいもの サーロインステーキ、大トロ、目玉焼き、マンゴー、パイナップル、ハチミツ

掃除する場所 リビングルーム、茶の間

乙女座新月からの２週間

仲良くしたい人 会計士、経理担当者、図書館司書、司法書士、看護師、栄養士、薬剤師、保健所の職員、部下やアシスタント、秘書の女性、几帳面な人

食べたいもの 雑穀、葉野菜、スムージー、オートミール、おかゆ、豆腐、和食、懐石料理

掃除する場所 戸棚の中、引き出しの中、倉庫の中

天秤座新月からの２週間

仲良くしたい人 スタイリスト、ブティックの店員、ヘアサロンのスタッフ、エステティシャン、ウェディング業界の人、広告・PR関係の人、社交的な人、ワイン通の人

食べたいもの リンゴ、イチゴ、アップルパイ、フランス料理、コース料理

掃除する場所 クローゼット、メイクボックス、ジュエリーケース

♏ 蠍座新月からの２週間

仲良くしたい人 産婦人科医、オーナー経営者、不動産業者、保険のセールスマン、ランジェリーショップの店員、バーテンダー、ひとクセある人、近寄りがたい人、無口な人

食べたいもの ニンニク、温泉卵、スモークサーモン、チーズ、納豆、発酵食品

掃除する場所 ベッドルーム

♐ 射手座新月からの２週間

仲良くしたい人 外資系勤務の人、大学教授、弁護士、大学院生、出版業界の人、通訳者、翻訳家、牧師、シスター、外国人、外国語が堪能な人

食べたいもの トマト、ツナ、エスニック料理、ハンバーガー、バーベキュー、鉄板焼き

掃除する場所 靴箱、ベランダ、車庫

♑ 山羊座新月からの２週間：

仲良くしたい人 茶道・華道・書道の先生、役所の人、設計士、建築士、政治家、生真面目な人、学者風の人、老人、祖父母、和服を好んで着る人

食べたいもの 黒ごま、海苔、ヒジキ、黒米、蓮根、ごぼう、精進料理、かりんとう

掃除する場所 廊下、床、畳、絨毯

♒ 水瓶座新月からの２週間

仲良くしたい人 IT業界の人、パソコンショップの店員、メカ好きの人、プログラマー、アーチストタイプの人、変わった人、個性的な人、化学者、占星術に詳しい人

食べたいもの マッシュルーム、椎茸、シリアル、ナッツバー、健康機能食品、サプリメント

掃除する場所 窓、サッシ、鏡

♓ 魚座新月からの２週間

仲良くしたい人 ミュージシャン、ダンサー、セラピスト、ヒーラー、タロット占い師、写真が趣味の人、サーフィン好きの人、海の近くに住んでいる人、絵やイラストが上手な人

食べたいもの 海藻、シーフード、水餃子、ところてん、シチュー、スープ、メロン、ゼリー

掃除する場所 トイレ

いかがかしら？

新月からの２週間をどんなふうに過ごすか、イメージできたかしら？

たとえば、牡羊座新月からの２週間だったら、起業してる友人を誘って中華ランチに行く。

体育会系男子と焼肉を食べに行くのもいいわね。

週末は玄関のお掃除を。

蟹座新月後の２週間は、お母様と一緒にコロッケ作りなんていかがかしら？

そのあとお片付け方々、キッチンを一気にお掃除しちゃえば最高ね。そんなふうに、新月のサインにしたがって接する人、食べるもの、お掃除する場所をいろいろ組み合わせることもできるし、できるところだけピックアップしても、もちろんOKよ。

自分自身の月星座を活かしつつ、それ以外の11星座もしっかり味わう。そうすることで「全方位の引力」があなたのものになるの。

あなた自身が最強の磁石になること――

それが、Keiko的『Lunalogy』よ。

新月表

2016			2017			2018		
♑	1月10日	10：31	♒	1月28日	09：08	♑	1月17日	11：18
♒	2月8日	23：40	♓	2月26日	23：59	♒	2月16日	06：07
♓	3月9日	10：56	♈	3月28日	11：59	♓	3月17日	22：12
♈	4月7日	20：24	♉	4月26日	21：17	♈	4月16日	10：58
♉	5月7日	04：30	♊	5月26日	04：45	♉	5月15日	20：49
♊	6月5日	12：01	♋	6月24日	11：32	♊	6月14日	04：44
♋	7月4日	20：02	♌	7月23日	18：47	♋	7月13日	11：48
♌	8月3日	05：45	♌	8月22日	03：31	♌	8月11日	18：59
♍	9月1日	18：04	♍	9月20日	14：30	♍	9月10日	03：02
♎	10月1日	09：13	♎	10月20日	04：13	♎	10月9日	12：47
♏	10月31日	02：39	♏	11月18日	20：43	♏	11月8日	01：03
♐	11月29日	21：09	♐	12月18日	15：32	♐	12月7日	16：22
♑	12月29日	15：55						

2019			2020			2021		
♑	1月6日	10：29	♒	1月25日	06：43	♑	1月13日	14：01
♒	2月5日	06：04	♓	2月24日	00：32	♒	2月12日	04：07
♓	3月7日	01：05	♈	3月24日	18：29	♓	3月13日	19：22
♈	4月5日	17：51	♉	4月23日	11：27	♈	4月12日	11：31
♉	5月5日	07：46	♊	5月23日	02：39	♉	5月12日	04：01
♊	6月3日	19：03	♋	6月21日	15：42	♊	6月10日	19：54
♋	7月3日	04：18	♋	7月21日	02：34	♋	7月10日	10：17
♌	8月1日	12：12	♌	8月19日	11：42	♌	8月8日	22：51
♍	8月30日	19：38	♍	9月17日	20：00	♍	9月7日	09：53
♎	9月29日	03：28	♎	10月17日	04：32	♎	10月6日	20：06
♏	10月28日	12：39	♏	11月15日	14：08	♏	11月5日	06：15
♐	11月27日	00：06	♐	12月15日	01：17	♐	12月4日	16：44
♑	12月26日	14：14						

♈牡羊座　♉牡牛座　♊双子座　♋蟹座
♌獅子座　♍乙女座　♎天秤座　♏蠍座
♐射手座　♑山羊座　♒水瓶座　♓魚座

おわりに

月星座、いかがだったかしら？

ストンと腑に落ちた方、自分の可能性にワクワクした方、「へえ～私ってそうなんだ！」と意外に思った方……感想はさまざまだと思うの。

あなたがどう感じたにせよ、ひとつ言えるのは「月星座は使った者勝ち！」ってこと。

私達はみな、ギフトをもらって生まれてきてる。「月星座」というギフトをね。でも、それをどうするかは、人それぞれ。早いうちにギフトを開けて使い出す人もいれば、一生引き出しの中にしまっておく人もいる。そういう人はたいてい、ギフトをもらったことすら忘れちゃってるんだけど（笑）。

月星座というそのギフトは、一生涯にわたってあなたに運とチャンスをもたらし、必要な人や出来事を引き寄せてくれる魔法の磁石——あなたの「引力」そのものなの。

私達がいま、2000年ぶりという大きなエネルギーシフトの真っ只中にいるのをご存じかしら？　いまを遡ること、2008年——米国で起こったリーマンショック。これは、2000年以上にわたって続いた「太陽の時代」の終焉を意味していたのね。

それから７年。７年間の移行期間を経ていま、いよいよ「月の時代」へ。これから、月の威力はますます強く、大きくなってくるはず。月が私達に与える影響力も当然、今までの比ではなくなってくるわ。

月のパワーが高まるということは、私達の引力も高まるということ。だからこそ今、月星座！このタイミングで自分の月星座を知って、ますますパワーアップする月とのラポール（信頼関係）を作っておくことが大事なのね。

金融格差、情報格差などという言葉があるけれど、これからは「引力格差」が生じるはず。望むものを思い通りに引き寄せる人とそうでない人の差が、どんどん大きくなっていくと思うの。そしてそれは、その人が持つ「引力」の差——月星座を知っているかどうかの差なのね。

月星座を知ることは、自分自身を知ること。
月星座を使うことは、可能性を広げること。
望む幸せにまた一歩、近づくこと。
月の時代の到来は、あなたの時代の幕開けでもあるのよ。

Keiko

Keiko 的　Lunalogy《ルナロジー》

自分の「引き寄せ力」を知りたいあなたへ

2016 年 3 月 26 日　第 1 刷発行

著者　Keiko

発行者　石﨑 孟

発行所　株式会社マガジンハウス
〒 104-8003 東京都中央区銀座 3-13-10
書籍編集部　☎ 03-3545-7030
受注センター ☎ 049-275-1811

印刷・製本　株式会社光邦

デザイン　bitter design

ISBN978-4-8387-2844-2　C0095

写真提供／Cover_TATYANA Yamshanova, P36_Nejron Photo, P48_Sofia Andreevna, P60_toocanimages, P72_sheff, P84_Sofia Andreevna, P96_Ekaterina Pokrovsky, P96_vgstudio, P120_Ollyy, P132_Tyler Olson, P144_Peter Bemik, P156_g-stockstudio, P168_Merlindo／Shutterstock